PENSAMENTO POSITIVO HOJE

NORMAN VINCENT PEALE

PENSAMENTO POSITIVO HOJE

Como Renovar e Manter o Poder do Pensamento Positivo

Tradução de
NAIR LACERDA

EDITORA CULTRIX
SÃO PAULO

Título do original:
THE POSITIVE PRINCIPLE TODAY:
How to Renew and Sustain the Power of Positive Thinking

Original English language edition published
by Prentice-Hall, Inc., Englewood Cliffs, New Jersey, USA

MCMLXXVII

Impresso no Brasil
Printed in Brazil

A cinco amigos e associados,
com gratidão,
por sua assistência especial
através dos anos

MYRON L. BOARDMAN
ARTHUR CALIANDRO
GERALD DICKLER
ARTHUR GORDON
MILTON D. KETCHUM

SUMÁRIO

PREFÁCIO

Este livro tem, naturalmente, um propósito, um objetivo definido. Deixem-me explicar, na esperança de que aquilo que se segue possa tornar-se significativo e útil para os leitores.

Durante longo tempo eu me surpreendi dizendo a pessoas que estavam agindo bem, alcançando metas e realizando objetivos desejáveis: "Continuem assim." Às pessoas que estão, obviamente, no caminho certo, inclino-me a dizer, amistosamente: "Continuem assim." E aos que parecem arrastar-se, com um fragmento apenas do entusiasmo que um dia tiveram, encontro-me encorajando-os a recordarem o princípio positivo: "Continuem assim."

Então, entre centenas de cartas recebidas, havia uma que se revelou especial, porque a questão proposta levou-me a mergulhar em profundo estudo e pesquisa quanto ao princípio positivo e à forma de mantê-lo continuamente.

A carta dizia o seguinte:

Caro Dr. Peale:

Li quantos livros inspirativos e motivadores pude encontrar, os seus entre eles. Esses livros levaram-me a um nível mental mais alto, fazendo-me arder em estímulo e entusiasmo por todas as coisas.

O resultado foi tornar-me bem melhor em meu trabalho, e sentir-me, com toda a certeza, muitíssimo mais feliz. De certa forma, entretanto, não posso manter essa inspiração todo o tempo, especialmente se me deparo com problemas e contratempos. Tais coisas atuam como drenos sobre as minhas boas disposições, e, na ocasião, sinto-me como um balão murcho realmente abatido.

Sei que pensará em mim como alguém volúvel e superficial, e talvez isso seja verdade. Contudo, ao mesmo tempo, sinto-me genuinamente receptivo a sugestões e ensinamentos motivadores e inspirativos. O que desejo é saber como conservar em ação o princípio positivo através das duras experiências que todos devem enfrentar.

O senhor e outros escritores têm o poder de ativar a minha mente. Por favor, diga-me como obter reativação consistente, como ter uma renovação constante da inspiração, suficiente para resistir a situações frustadoras e a momentos depressivos. O que desejo saber é como manter atuante a motivação — e mantê-la sempre! E ficarei muitíssimo grato se me disser isso.

A carta acima expressa, muito claramente, um eterno problema humano — o de manter atitudes inspiradoras longamente, tanto nos dias sombrios como em fortuitos e ensolarados momentos. A tendência do nível mental para abalar-se ou tombar é um problema comum. Como sustentar o princípio positivo e manter uma atitude mental otimista é uma indagação que o escritor inspirativo devia, eu creio, propor a si próprio.

Isso é o que pretendemos fazer. O autor tem a esperança de que esse livro não só inspire e motive o leitor para pensar, agir e viver vitoriosamente, mas que também o ajude, sempre, e sob qualquer circunstância, a manter essa atitude em ação, cada vez mais forte e mais vitalmente.

NORMAN VINCENT PEALE

PENSAMENTO POSITIVO HOJE

INTRODUÇÃO

Que é o princípio positivo?

Há uma tendência profunda na natureza humana para nos tornarmos precisamente aquilo que imaginamos ou figuramos ser. Tendemos a corresponder à nossa auto-aprovação, depreciação, ou apreciação. Nós próprios determinamos seja a autolimitação, seja o ilimitado crescimento potencial.

O pensador negativo engaja-se, definitivamente, num processo de autodestruição. Enviando constantemente pensamentos negativos, ativa negativamente o mundo que o rodeia. Há uma lei de atração, pela qual o semelhante atrai o semelhante. Pássaros de idêntica plumagem voam em bandos. Pensamentos de certa espécie têm uma afinidade natural. O pensador negativo, projetando pensamentos negativos, tende, dessa maneira, a chamar para si resultados negativos. Essa é uma lei definida e imutável da mente.

O pensador positivo, pelo contrário, envia constantemente pensamentos positivos, reunidos a imagens mentais cheias de vida, de esperança, otimismo e criatividade. Ativa, portanto, o mundo que o rodeia, positiva e fortemente, tendendo a chamar para si resultados positivos. Essa é, também, uma lei básica da ação da mente.

O pensador positivo pode melhorar espetacularmente seus resultados através de uma completa recomposição do tipo de pensamento negativo até então empregado. Conforme o notável filósofo William James sugeriu: "A maior descoberta da minha geração é a de que os seres humanos podem alterar suas vidas alterando suas atitudes mentais."

O princípio positivo é o processo vital de alteração mental e espiritual pelo qual o indivíduo muda de um conceito de autolimitação para o de automelhoramento, da deterioração para o crescimento, do fracasso para a realização.

O princípio positivo é uma totalidade de pensamento sólido que trata franca e criativamente com fatos reais da existência humana. O pensador positivo vê cada dificuldade, e as vê corretamente. Não se deixa abater por elas nem procura uma saída escapista. Sabe que cada problema contém as sementes de sua própria solução, tal como foi dito pelo famoso perito das idéias, Stanley Arnold. Ele sabe, também, que, com o auxílio de Deus e a liberação de seus próprios poderes inerentes, tem tudo o de que precisa para tratar, cuidar e resolver qualquer problema. Portanto, como indivíduo possuidor de sã mentalidade, ele ou ela elevam-se sobre as dificuldades, intimorata confiantemente. O pensador positivo não reage emocionalmente quando em dificuldade, mas reconhece o fato de que a mente humana não pode funcionar sob seu melhor aspecto quando está aquecida, ou emocionalmente condicionada. O pensador positivo é consciente de que apenas quando a mente está fria, e sob forte controle mental, produzirá aqueles desapaixonados, racionais, e intelectuais conceitos que levam a sólidas e viáveis soluções.

O princípio positivo está baseado no fato de que há sempre uma resposta, uma resposta correta, e o pensamento positivo, através de um sólido processo intelectual, pode sempre produzir a resposta.

É verdade, naturalmente, que o negativo é importante para preservação do equilíbrio. Os opostos estão envolvidos na estrutura da natureza, e, no reino do pensamento, o negativo tem função importante na consideração das alternativas. Mas, quando o negativo sobrepõe-se ao elemento controlador no processo do pensamento, o equilíbrio desloca-se para fora do positivo, e os aspectos negativos tornam-se dominantes.

O princípio negativo nega. O princípio positivo cria. O princípio negativo duvida. O princípio positivo acredita. O princípio negativo aceita a derrota. O princípio positivo dirige-se para a vitória.

O princípio positivo está baseado, solidamente, na verdade espiritual, pousando com firmeza sobre aquelas dinâmicas palavras: "Esta é a vitória que vence o mundo, a nossa fé" (João, 5:4).

PRIMEIRA FORMA PARA MANTER ATUANTE O PRINCÍPIO POSITIVO

Organize as forças de sua personalidade para a ação

Dominar o princípio positivo e desenvolver a capacidade para mantê-lo em ação são coisas básicas quando se deseja um vitorioso desempenho da vida. Com elas, é possível manter nossa motivação, nosso entusiasmo, nossa inspiração, sustentados e reabastecidos todos os dias, por todo o tempo! Essa é a mensagem central deste livro. E, fortalecendo essa mensagem, técnicas específicas são apresentadas, técnicas que muita gente tem considerado como altamente eficazes. Este livro apresenta uma metodologia para manter a continuidade dinâmica em alto nível.

Para manter em ação o princípio positivo, é vitalmente importante sustentar o espírito entusiasta em todas as ocasiões, sejam quais forem as condições. Os golpes e as vicissitudes da vida pessoal e dos negócios podem, se o permitirmos, drenar o entusiasmo e enfraquecer atitudes positivas. Sendo tal erosão do espírito um processo de deterioração que toda a pessoa criativa deseja evitar, é essencial haver um programa de reinspiração a agir em nós, constantemente. Um reabastecimento sistemático e constante do espírito vital é necessário, a fim de manter o entusiasmo e a motivação em nível elevado.

As pessoas podem aprender a tornar-se pensadores positivos, e o resultado é a nova significação que suas vidas adquirem. Têm maior sucesso em seus trabalhos. O entusiasmo ergue-os a níveis mais altos. As coisas fluem para eles, em lugar de desviarem-se deles. Mesmo assim, podem surgir dificuldades imprevistas, aparecer contratempos, ocorrer distúrbios, e a continuidade começa a ser dura e difícil. É nesse momento que o ponto de vista positivo deve ser amparado por uma revitalização da inspiração, por uma renovação do entusiasmo. Neste livro pretendemos expor princípios simples e exeqüíveis, para manter a motivação vital funcionando, apesar das circunstâncias adversas. Ele mostrará como, sob diversas condições e situações, as forças da personalidade podem ser organizadas para produzirem ação eficaz.

Um notável pensador positivo que insiste na necessidade de atitudes positivas "renováveis" é o Dr. Jules S. Marais, da Cidade do Cabo, na África do Sul, Presidente das Assembléias do *Trust Bank*. O Dr. Marais fundou aquela importante organização bancária num modesto escritório, no andar de um prédio comercial, há apenas alguns anos. Através de sólidos princípios bancários e de processos inovadores, desenvolveu o *Trust Bank* que se tornou uma das grandes instituições mundiais de finanças. Empregou o pensamento positivo, o entusiasmo e a alta capacidade administrativa, no notável sucesso que ele e seus associados conseguiram obter. Em carta recente, ele diz:

> Minha experiência pessoal e a de meus colegas dizem que inspiração e motivação mostram-se exatamente idênticas à nutrição. É preciso mantê-las diariamente em doses salutares. De outra maneira, o esgotamento, a depressão e a ausência de ambição e realização depressa irão manifestar-se. Seus livros, Norman, são companheiros obrigatórios do escalão de liderança do *Trust Bank*.

O influente líder de negócios, sendo homem criterioso e compreensivo, é consciente de que as qualidades extremamente importantes de inspiração e entusiasmo não devem ser tomadas como uma concessão. Elas podem — e com freqüência isso acontece — perder sua força, devendo, portanto, ser reabastecidas todos os dias, através de uma dosagem de pensamento motivador. É necessário ativar e reativar constantemente as forças da personalidade, e impulsioná-las, mesmo, para a ação, a fim de mantê-las atuantes, sempre atuantes. O princípio positivo deve ser sempre nutrido e renutrido.

Poder ilimitado na personalidade

Um ouvinte de nossas emissoras de rádio, escreveu-me sobre um artigo que lera em revista científica e que ele considerou realmente fascinante. Segundo ele diz, o artigo informava que uma peça comum de quartzo, estimulada eletricamente, vibrará 4 194 302 vezes por segundo. Isso leva uma pessoa a cogitações! Se uma peça comum de quartzo responde ao estímulo de forma tão extraordinária, o que pode ser esperado da mente e do espírito de um ser humano, quando as forças da personalidade são realmente ativadas? O potencial, obviamente, é ilimitado.

Há muito tempo temos estado a ler estimativas feitas por vários psicólogos e cientistas do comportamento humano, segundo as quais a pessoa de tipo médio usa talvez apenas 20 por cento de seu poder mental, e mesmo os gênios usam pouco mais do que isso. Alguns chegam a avaliar o uso do poder criativo no baixo nível de 10 por cento. Não parece mesmo incrível que serem humanos, dotados pela natureza com um alto potencial, empreguem apenas uma quinta parte dele para enfrentar seus problemas, para construir uma carreira neste mundo? Como, podemos perguntar, uma peça de quartzo, nada mais que uma pedra, quando estimulada, pode reagir de tão incrível maneira, e, ao mesmo tempo, homens e mulheres contentam-se em prosseguir consentindo numa limitada reação humana diante das oportunidades que os rodeiam e do potencial existente em si próprios?

É um fato, provavelmente, que o indivíduo de tipo médio aceita um limitado conceito de si próprio e de sua capacidade. Nunca lhe passa pela cabeça que é possível elevar aquele potencial, que, através do pensamento positivo e criativo a respeito de si mesmo, pode tirar de sua mente um quociente aumentado de poder, força, e capacidade.

A verdade é que existe muito mais vigor e poder no indivíduo do que ele jamais soube, e cuja possibilidade nunca visualizou. Recordem o discernimento do grande pensador da antiguidade, Marco Aurélio, que disse: "Escavem por dentro. Ali está a fonte do bem: escavem sempre, e ela fluirá sempre." O escritor motivador Kermit W. Lueck fala de um motorista de caminhão que, inconsciente, ficou preso na cabina em fogo de um caminhão-tanque de gasolina, que tombara. Mesmo os homens mais fortes que se juntaram em redor não conseguiram abrir a porta da cabina que se amassara com a colisão. Então, subitamente, um homem de aspecto médio apareceu, arrancou a jaqueta, agarrou a maçaneta da porta e, com um poderoso arranco, abriu-a. Subindo à cabina, em torno da qual as chamas estavam enfurecidas, libertou, com pontapés aos pedais, o pé do motorista inconsciente, arqueou suas costas franzinas contra o forro amassado da cabina e empurrou o motorista, para fora e para a segurança. Mais tarde, quando perguntaram àquele homem de que forma, com o seu físico, conseguira realizar a proeza, ele explicou que dois de seus filhos tinham morrido queimados, e era por isso que odiava o fogo, com intensa paixão.

Quando viu aquele homem indefeso, preso ao caminhão com gasolina de alto índice de octano, e que podia explodir em chamas a qualquer momento, a aversão contra o fogo deu-lhe uma força que ele ignorava possuir. Sabia, apenas, que ia retirar aquele homem para longe do fogo odiado. As crises provocam uma força que podemos chamar de sobre-humana, mas que seria mais correto encarar como força humana, normal, e até então nunca usada. Se tal vigor pode emergir durante uma crise, não se sabe, o fato é que está presente, porém não em ação o tempo todo. "Escavem por dentro... escavem sempre, e ela fluirá sempre."

Soldados americanos, numa crise, levantam um jipe

Lueck também relata o caso de quatro soldados americanos que ficaram entocados numa estrada muito estreita do Vietnã. Saltaram para uma vala. Inteiramente conscientes de quanto estavam expostos, subitamente, num ímpeto comum, saltaram de volta à estrada e correram para o jipe que não podia fazer a volta por falta de espaço para manobrar. Cada homem agarrou uma das rodas e, juntos, levantaram o jipe, viraram-no rapidamente, pularam para dentro dele, e, a toda velocidade, através de fogo cruzado, encaminharam-se de volta, e para a segurança. Chegados ao acampamento, os quatro homens, juntos, não podiam levantar do chão uma só das rodas do jipe. De que fonte veio a enorme força dos homens, no lugar da emboscada? De dentro deles próprios, com certeza, é a resposta.

A questão, portanto, é por que, nos problemas e dificuldades da habitual existência cotidiana, deixamos de extrair e utilizar os espantosos poderes que habitualmente surgem apenas sob intensa crise? A resposta pode estar no fato de que não somos suficientemente intensos em nossa crença, em nossa fé, em nosso pensamento. Não poderemos esperar, quando desenvolvermos tal intensidade, que teremos capacidade para lançar em ação, pelo estímulo, imensas forças da personalidade? Não parece ser algo demais o acreditar que liberaremos de nós próprios capacidades que nunca, realmente, sequer sonhamos em levar à ação.

Aposentado encontra reativação

O seguinte caso, sobre o qual escrevi em *Senior Power,* uma revista editada e publicada pelo Dr. Kenneth P. Berg, aconteceu, há alguns anos, no depósito da livraria *Krock's e Brentano's,* em Chicago, quando eu estava autografando exemplares de meu livro "O Poder do Pensamento Positivo". Para minha surpresa, Adolf Krock, o fundador, e então recentemente aposentado presidente da companhia, aproximou-se e começou a ajudar-me, murmurando: "Não tenho mais nada para fazer." Contou-me que havia tentado ficar afastado da loja, mas décadas de hábito haviam-no arrastado de volta. Todos o tratavam muito bem — explicou ele — e seu filho, Carl, sempre parecia contente ao vê-lo. Mas ele sentia-se, claramente, como se estivesse "fora daquilo", não pertencendo mais àquele lugar. "Penso que sou inútil" — declarou, tristemente — "assim alegra-me servir você como um empregadinho do depósito."

Então, subitamente, indagou: "A propósito deste pensamento positivo, por que não escreve um livro sobre os aposentados?"

"Oh! Esse não é o meu campo. Não estou preparado para tal nem informado sobre o assunto" — foi a minha resposta. Então, repeti a pergunta, dirigindo-me a ele: "E por que você não escreve esse livro, agora que está aposentado?"

"Eu não" — respondeu-me ele, rapidamente. "Eu não escrevo livros: vendo-os."

Continuamos alguns minutos em silêncio, cortado apenas pelo empilhamento dos livros e pelo rascar da minha pena. "OK" — disse ele — "talvez você possa assumir uma atitude desapaixonada em relação ao trauma da aposentadoria e expressar um ponto de vista objetivo a respeito. Dê-me uns conselhos. Se estivesse na minha posição, que faria? Minha saúde é boa, não me falta energia e gosto de fazer algo que represente alguma coisa. E aqui estou, num planalto da minha vida, de onde não vejo nem movimentação nem utilidade."

"Bem, veja lá" — disse-lhe eu — "tudo quanto posso dizer talvez seja fora de propósito e lembre-se de que não sou perito no assunto aposentadoria. Contudo, tenho algum conhecimento do que outros, em idêntica posição, chegaram a fazer, e talvez possamos aprender com a experiência deles." Falei-lhe, então, que, na minha opinião, o sensato seria deixar de lado a palavra "aposentadoria" e enfatizar, em vez disso, a palavra e o conceito de "reajustamento". Aposentadoria sugere, de certa forma, uma queda de *status,* um estágio terminado. Reajustamento, por outro lado, indica continuação da atividade, embora sob diferente posição e talvez de forma inteiramente nova.

Um idoso coreano disse-me, certa vez, que em seu país as pessoas pensavam em começar uma vida nova e diferente aos sessenta anos; tomam um novo nascimento, equipando-se para nova atividade. "Eu me tornei uma pessoa ressuscitada aos sessenta anos" — declarou meu amigo coreano — "e desde então tenho vivido como um novo homem."

Assim, não há razão para que alguém, tendo saúde e força, precise concordar com a idéia, tão geral e passivamente aceita hoje, de que uma idade arbitrariamente convencionada para a aposentadoria deva, necessariamente, significar, *ipso facto,* uma desqualificação para novas formas de atividade útil. Pessoa alguma, em idade alguma, precisa permanecer num nível nada inspirador de realizações.

Portanto, sugeri àquele infeliz executivo aposentado que praticasse o princípio da adaptação — dissesse adeus ao seu antigo negócio, vendesse sua casa e mudasse para um novo ponto do país. Que se visse mais uma vez como era no início, um moço imigrante chegando a uma terra nova e procurando oportunidades.

"Assim que se instalar em sua nova casa, procure uma igreja e diga ao ministro que deseja ajudá-lo; meta-se nisso, envolva-se. Então, procure um clube político e diga que deseja ser um membro ativo. Entre para um clube de serviço e trabalhe em suas comissões. Ligue-se à Câmara do Comércio e torne-se um líder. Saia para fora e sairá para fora de si próprio." E — acrescentei — "esqueça tudo sobre a livraria, a não ser o cheque de sua pensão. Pratique o princípio espiritual sugerido nas palavras: "esquecendo-me das coisas que atrás ficam e avançando para as que estão diante de mim..." (1)

Claro está que nada havia de extraordinário naquele conselho, mas o resultado foi extraordinário, já que o antigo negociante de livros levou a sugestão a sério e agiu de acordo com isso. E como!

Na pequena cidade da Costa Oeste em que se instalou, tornou-se corretor imobiliário, banqueiro, líder de clube de serviço, presidente das assembléias de junta dirigente do hospital local e diretor da Câmara de Comércio. Conforme disse um homem daquela cidade: "De onde veio esse jovem Lochinvar (2), essa revitalizada bola de fogo?" E vinte anos depois ele ainda mantinha a mesma força. A única vez em que voltou à sua cidade natal foi, praticamente, para os funerais de algum contemporâneo que se conformara com a aposentadoria e tornara-se um inútil: mental, física e espiritualmente. O Sr. Krock praticou o pensamento positivo em sua aposentadoria e teve resultados positivos. Descobriu que não estava acabado, bem longe disso. Extraiu alguns recursos interiores que nunca antes descobrira e trouxe à tona capacidades extras que ignorava possuir. Estimulando as forças de sua personalidade para a ação revitalizada, criou uma nova e excitante vida. Os entusiasmos e motivações que tinham feito dele um líder nos negócios e na comunidade foram reempregados em sua situação de aposentado. Tornou-se um exemplo inspirador de como conservar o princípio positivo atuante e vigoroso.

Manejando os "Se", nesta vida

É muito importante estar acima das circunstâncias da vida, sempre em controle, pois que a existência humana pode, e com freqüência o faz, seguir um padrão incerto e variável. Pode voltar-se sobre nós, pisar em nós, ferir-nos duramente, atirar-nos ofensas — a não ser que seja manejada e controlada. Apesar de tudo, a existência sobre a terra pretende, segundo creio, ser antes por nós do que contra nós. Se cada qual seguisse os

(1) Epístola de S. Paulo aos Filipenses, 3:13.

(2) LOCHINVAR — herói de uma balada, cantada por Lady Heron no MARMION (1808) de *Sir* Walter Scott. (N. T.)

propósitos do Criador, o ímpeto geral da vida seria a nosso favor, embora sem poupar alguns tempos duros, porque o Grande Arquiteto do Universo não eliminou a dor, a luta, as dificuldades. Ele sabia que tais coisas são para o nosso bem, o desenvolvimento de um ser forte e que esse objetivo deve ser básico para o Seu propósito, ao criar em primeiro lugar o homem e a mulher. Não há quem possa tornar-se forte, sem luta, sem o esforço de entrincheirar-se contra os contratempos e as desgraças. E, para enfrentar e tratar a vida criativamente, precisaremos estar sempre alerta, previdentes, pensando de maneira positiva, constantemente reunindo forças da personalidade em ação eficaz e desejável. Devemos nos preparar e estar conscientes da natureza variável, imprevisível e incerta da vida, causada, basicamente, por essa mesma amálgama de qualidades em nós próprios.

Aconteceu-me notar, um dia que a palavra "*life*" ([1]) tem, significativamente, um "if", como letras centrais. Essas duas letras centrais na palavra de quatro letras, representando "existência", formam um conceito da incerteza que designamos por "*se*". E a potência do *se* é diariamente enfatizada na linguagem de minha gente. "Se eu fizer isso", "Se eu fizer aquilo", "Se isso acontecer", "Se aquilo acontecer", "Se ao menos eu não tivesse feito (ou dito) aquilo". E por aí vai, sempre, sempre, e ainda sempre, o repetitivo elemento *se*. Será possível que a metade da vida (*life*) seja um *se* (*if*), mesmo que ele constitua a metade da palavra que significa a existência sobre a terra? Se assim é, ou seja qual for a proporção representada pelo fator *se,* isso é uma razão a mais para que assumamos o firme controle dessas incertezas, os *se,* transformando-as em certezas e contribuindo, dessa forma, para melhorar o nosso potencial, em lugar de depreciá-lo.

Coisas estranhas acontecem

Numa viagem de conferências, pelo Oeste, conheci Jeff, um homem de 35 anos, que tinha estado, conforme ele próprio definia, "nas garras de um padrão de fracassos durante algum tempo". Ao que parecia, nada corria bem, e isso o estava afetando de tal modo que ele já admitia a derrota e o fra-

---

(1) A palavra inglesa para "vida" e "life", cujas letras centrais "if" equivalem ao nosso "se". Tentamos a possível aproximação. (N. T.)

casso. Chegara a fazer-se um "Se ao menos...", sempre se lamentando: "Se ao menos eu não tivesse feito aquela coisa estúpida..." "Se aquele sujeito me tivesse ao menos dado uma oportunidade...", um desalentado *se* depois do outro. Sua carreira, ele confessava, havia-se tornado dependente de caprichos e variações, não tinha, praticamente, senso de controle sobre as circunstâncias, à sua mente tudo era negativo e parecia conspirar contra a sua pessoa.

Algum tempo antes de nos conhecermos, Jeff estava sentado, taciturno e desalentado, no quarto do motel em que morava, ouvindo um programa tardio de televisão, irradiado de Nova Iorque, e no qual me acontecia tomar parte, como convidado. O entrevistador tomou como tema de nossa conversa a questão de como as pessoas que não estão bem em seus empregos podem dar a si próprias um novo rumo e pôr em movimento fortes motivações. Eu desenvolvia o conceito de que uma pessoa pode impelir seus poderes da personalidade para a ação através de intenso desejo, intensa crença e intensa oração, usando a palavra "intenso" para diferenciar esses fatores quanto à habitual atitude frouxa de tantos. Lembro-me de ter citado James Russell Lowell:

> "Eu que ainda rezo de manhã e à noite...
> Talvez tenha orado, realmente, apenas três vezes,
> Três vezes, movido sob meu eu consciente, senti
> Aquela perfeita libertação, que é Deus..."

Tivemos um estimulante diálogo, no programa de TV, sobre o significado daquele conceito e concordamos em que, introduzindo-se sob a superfície da mente e entrando na área da fé através de intenso e profundo desejo, uma pessoa pode reorganizar as forças da personalidade que andavam tropeçando e estavam reduzidas à ineficácia.

A duas mil milhas de distância — contou-me Jeff — ele assistia ao programa que, certamente, não tinha fama de ser geralmente dedicado a Deus ou a conversas sobre preces. Subitamente, ele teve notável experiência de profunda intuição. Num relance, fez-se consciente de que naquela fórmula da oração e fé intensas estava o corretivo para os seus constantes fracassos. Agindo imediatamente de acordo com as sugestões que lhe vinham pelo ar, começou um programa de orações e de fé. Continuou esse programa diariamente, encontrou Deus como jamais acontecera antes — como jamais pensara que fosse possível. O resultado foi que sua ênfase negativa no *"se"* começou a dar lugar ao princípio positivo do "como". Em lugar de resmungar fúteis "ses", começou a enfatizar "Como isso pode ser feito?", "Como posso fazer isso melhor?", "Como posso, realmente, ir para a frente?" Resultado: uma espetacular reorganização de suas forças da personalidade. Além disso, ao lado dessa reconstrução da personalidade, Jeff tornou-se impregnado de tão forte motivação, que os desencorajamentos cederam gradualmente, e, ao cabo de certo período de tempo, ele desenvolveu novo senso de controle sobre as dificuldades. Aquele homem aprendeu, defintivamente, o segredo da continuidade. Recebeu em si o princípio positivo, e dali por diante caminhou vitorioso.

Espantosas forças da personalidade

Não há dúvida de que existem os que, por uma ou outra razão, duvidam ou resistem diante da afirmativa de que as pessoas possuem forças que vão além das capacidades comuns que conseguiram desenvolver. "O caso é que não há nada disso em mim, apesar do seu louvor lisonjeiro sobre as minhas qualidades. Sou apenas uma pessoa comum, normal." A isso eu devo responder: "Talvez comum, mas dificilmente normal, porque a palavra "normal" refere-se a "norma", e essa, por sua vez, significa um nível de realização que está aberto à nossa determinação. É muito difícil ter-se por normal o ser menos do que a nossa melhor possibilidade, porque, se menos do que o melhor é o normal, ou norma para nossas realizações, mal poderíamos sentir descontentamento quanto a nós próprios, como nos acontece. E assim o progresso seria entravado."

Estabelecer uma autolimitação é encerrar-se dentro de si mesmo e, portanto, negar a si próprio a oportunidade que Deus concede para que se cresça. Assim, insisto em que evitem essa expressão de autodepreciação: "Sou uma pessoa comum." Em lugar disso, vejam com olhos novos a sua personalidade que pressupõe maiores capacidades do que até então visualizaram. Levem a idéia de sua norma para níveis mais altos, assim como a barra é movida de um nível para outro, num suporte, servindo a saltos de altura ou a saltos de vara. Sempre se pode chegar mais acima, pois, internamente, somos maiores do que julgamos. Acreditem, porque isso é um fato — um grande, amplo e maravilhoso fato. É o princípio positivo em ação.

O famoso campeão olímpico, Bob Richards, que é, também, um conferencista e escritor motivador altamente respeitado, mostrou que todos os campeões olímpicos são pessoas que acreditam em si próprios, e é sobre esse poder extra, portanto, que eles formam sua personalidade. Alguns têm, mesmo, especificado, com diferença de uma fração de segundo, como se iriam comportar numa corrida. Mark Spitz disse que conseguiria ganhar sete medalhas de ouro. Na primeira tentativa ganhou apenas duas, mas em sua última competição realmente obteve as sete que visualizara. Sabia que poderia ter aquelas sete, se usasse seu potencial. Tais campeões provam, de fato, que existe uma força de personalidade maior, que pode, sob circunstâncias apropriadas, ser chamada para magnificente ação.

Richards conta que, dando aulas numa classe de Escola Dominical, e dizendo aos alunos sobre as qualidades que fazem um atleta campeão, foi interrompido por uma meninazinha muito gorda, usando grossas lentes bifocais, que dava saltinhos, dizendo que ia ser a maior tenista do mundo. Essa meninazinha era Billie Jean Moffit, mais tarde Billie Jean King, talvez a maior tenista do mundo. Ela respondera com poderosa motivação e crença à idéia de superfaculdades em seu íntimo, e que podiam ser chamadas à ação.

Bob Richards declara em seu artigo que, se escrevermos num cartão o que pretendemos ser na vida, especificamente, se mantivermos esse cartão para constante referência, e encaixarmos esse objetivo, profundamente, em nossa mente, por um período de dois anos, chegaremos a ser o que dissemos que seríamos. Ele afirma que pode demonstrar essa verdade através da história do atletismo. Bill Vandervoort, destacado escritor esportivo, confirma o conceito positivo, como sendo o melhor, quando cita o treinador de futebol Woody Hayes, da Universidade do Estado de Toronto, famoso por grandes equipes:

> Woody Hayes do Estado de Ohio parecia Norman Vincent Peale sábado, acompanhando a vitória do *Buckeyes* sobre o Carolina do Norte por 32 a 7.
>
> Peale, o conhecido teólogo, não tem melhor expositor de seu "pensamento positivo" do que Big Buck. Um escritor de Chicago perguntou a Hayes, no vestiário, depois da peleja, como continuava a atrair jogadores de primeira ordem.
>
> "É muito simples" — respondeu Woody. "Recrutamos e treinamos sobre bases positivas. Procuramos qualidade, os melhores

> garotos. Não poderíamos seguir adiante com outro tipo de gente. Então, estabelecemos altos padrões, desafiamos os rapazes a ser melhores do que imaginam ser. Desde que descubram como podem ser melhores, correspondem ao que queremos, respeitam-nos. Enjoa-me e causa-me fadiga ver a maneira pela qual nossa sociedade rebaixa toda a gente. Acredito procurar o que há de melhor no rapaz."

Alguém enviou-me um recorte de jornal, no qual uma mulher descreve sua notável experiência com a visualização, ou princípio da imagem mental, para fazer com que as melhores coisas aconteçam.

> Há doze anos, o marido de Helen Hadsell desejou um motor de popa que era o prêmio principal de um concurso. Ela se concentrou, escreveu uma solução de 25 palavras, e ganhou-o.
>
> Sua filha queria uma bicicleta. Um pouco de concentração por parte da mãe e a filha teve a bicicleta.
>
> A família quis ir à Europa. A mãe soube de um concurso que oferecia como prêmio férias na Europa; concentrou-se, e lá se foram todos. Da mesma forma voltaram duas vezes à Europa.
>
> Trinta e três vezes a Sra. Hadsell concentrou-se para vencer em concursos e ganhou trinta e três vezes, incluída nesse total a casa de 50 000 dólares que era o grande prêmio da Feira Mundial de Nova Iorque em 1964. "Havia 2 milhões de soluções enviadas, nesse concurso" — disse a Sr. Hadsell. "Eu fiz o que tinha feito nos outros concursos: simplesmente imaginei a mim mesma como dona daquela casa. Tudo quanto tenho ganhado vem da aplicação do princípio do Dr. Norman Vincent Peale em seu livro "O Poder do Pensamento Positivo." Comprei o livro numa banca de jornais, há 12 anos, e li. O que quero dizer é que se *soubermos* o que desejamos e nos agarrarmos a isso por muito tempo e muito fortemente teremos o que desejamos. Trata-se, simplesmente, de pensamento construtivo. No livro do Dr. Peale encontrei as infinitas possibilidades que estão disponíveis para o pensamento positivo. Apliquei isso aos concursos, e venci."
>
> "O segredo" — continuou ela — "é enfatizar sempre o resultado final, sabendo que se tem o que se deseja. Se se trata de um prêmio, eu visualizo um cheque, aqui, na minha mão."

Podemos comentar que a Sra. Hadsell tornou válido um princípio operacionalmente eficaz, porém, é óbvio, ela acrescentou a isso a força de sua mente hábil e inovadora. A questão, nesse caso, é que as atitudes criativas podem realizar maravilhas. Aquilo cuja imagem formamos intensamente pode, e muitas vezes o faz, realizar-se nos fatos.

A magia de crer

Na minha opinião, um dos maiores livros inspirativos e motivadores que já se escreveu nos Estados Unidos é "A magia de crer", de Claude Bristol. Eu conhecia o Sr. Bristol pessoalmente, e, através dos anos, fui profundamente afetado pelo espírito dinâmico da mente e dos escritos daquele homem. Ele acredita, realmente, no princípio espiritual que diz: "Se podes crer, todas as coisas são possíveis para os que crêem" (Marcos, 9:23).

Em seu livro, Claude Bristol trata dos imensos poderes da mente quando ativada pela crença vigorosa, livre de dúvida estulta. Oferecendo ilustração após ilustração, ele documenta a magia de crer, nas várias vidas de fracassos que se tornaram sucessos, e que marcham, triunfantes, através das páginas desse livro. Ele conheceu, também, o espantoso poder da mente quando empenhada na realização de um objetivo específico. Uma das técnicas para a realização, que ele sugere com freqüência, é tomar 5 cartões de 6 x 10 cm., e num deles escrever, sucintamente, mas com detalhes explicativos, o que se deseja profundamente, com toda a nossa mente, com todo o nosso coração. Repetir isso nos outros quatro cartões. Então, colocar um deles na carteira, ou na bolsa, outro junto ao barbeador ou sobre a mesa de *toilette,* um junto à pia da cozinha, um no painel de instrumentos de seu carro, e o quinto em sua secretária. Olhar intensamente para o cartão, todos os dias, enquanto se imprime na consciência, com firmeza, a imagem mental. Visualizar o objetivo ou meta que agora está no processo de ser realizada. Que esse método funciona é coisa que pode ser confirmada por milhares de leitores agradecidos, e praticantes de "A magia de crer". Esse livro é um dos grandes expositores do princípio positivo.

Viu-se como um grande editor

Um meu amigo, altamente vitorioso na vida, credita sempre o sucesso que alcançou como um dos maiores editores jornalísticos da América a Orison Swett Marden, um escritor motivador muito mais antigo, mas profundamente influente. Esse amigo, e íntimo associado por muito anos, era o falecido Roger Ferger, editor e redator do *Enquirer* de Cincinnati, um dos importantes jornais da nação. O Sr. Ferger era um líder notavelmente forte e capaz em assuntos da comunidade, e muitíssimo respeitado pelo alto grau de inteligência.

Um dia, o Sr. Ferger e eu estávamos voltando à redação do *Enquire,* depois de termos almoçado juntos no *Queen City Club,* do qual ele era o presidente, e paramos diante do edifício do jornal. Perguntei-lhe: "Roger, diga-me: como lhe aconteceu vir a ser redator e editor do *Enquire* de Cincinnati?"

Ele respondeu: "Há muitos anos, ainda eu era um jovenzinho, fiquei aqui, neste mesmo lugar, e vi um homem sentado na escrivaninha. Era o redator e editor deste jornal. Aqui, e então, tive a visão de mim mesmo sentado em seu lugar, usando seu título e levando avante seu trabalho. Visualizei-me nessa posição, e desse momento em diante trabalhei, diligentemente, para alcançar tal objetivo. Acreditei, acreditei, acreditei, tornei-me um praticante do poder do pensamento positivo que há tanto tempo você vem advogando e ensinando."

Tirou da carteira, então, um recorte amarelado e meio amarfanhado de um escrito de Orison Swett Marden, e, de pé na calçada, o trânsito rugindo ao passar, leu-o para mim. Penso que recordarei sempre o ar de fé entusiasta que se refletia em seu aspecto, ao repetir as palavras que o haviam motivado, ainda jovenzinho, e que continuaram a movimentar as forças de sua personalidade para a ação, através de uma vida notavelmente triunfante. E estas são as palavras dinâmicas que o animaram e ajudaram a manter a continuidade da fé: "Um homem que é autoconfiante, positivo, otimista, empreende seu trabalho com a certeza do sucesso, magnetiza a sua condição e atrai para si os poderes criadores do universo."

Contei esta história, sem tantos pormenores, há alguns anos, quando escrevi "O Poder do Pensamento Positivo", e torno a enfatizá-la, agora, porque, entre as milhares de cartas que tenho recebido desde a publicação desse livro, muitos fazem referência, agradecidamente, à ativação de sua própria força de personalidade através da experiência do Sr. Ferger.

É possível que se objete ter sido, aquele, um homem inusitadamente dotado que teria sucesso em suas realizações sem o recurso dessa crença e de tais princípios reativadores. Posso, então, dar aos leitores, ao finalizar este capítulo, a experiência de outro homem, mencionada no mesmo livro, e cuja história foi a fagulha que arrancou inúmeros outros do fracasso e colocou-os no caminho que os levaria a fazer algo muito bom de suas vidas.

Reproduzo uma carta recebida há alguns anos, de um homem que conta como o princípio positivo modificou espetacularmente a experiência de seu pai, nos negócios e na vida em geral.

Assim escreveu ele:

> Meu pai é vendedor-viajante. Uma vez vendia móveis, de outra vez ferragens, às vezes artigos de couro. A cada ano mudava de produto.
>
> Eu ouvia-o dizer à minha mãe que aquela seria sua última viagem com artigos de escritório ou lâmpadas de cabeceira, ou o que quer que estivesse vendendo no momento. No ano seguinte tudo seria diferente, ele estaria na *Easy Street,* tinha possibilidade de trabalhar com uma firma cujo produto vendia-se sozinho. Era sempre aquilo. Meu pai nunca obtinha um produto vendável. Estava sempre tenso, medroso de si mesmo, assobiando no escuro. Então, certo dia, um colega de vendas deu a meu pai um papel com uma pequena oração de três sentenças. Disse-lhe que repetisse aquelas palavras imediatamente antes de visitar um freguês. Meu pai tentou e os resultados foram quase miraculosos. Vendeu em 85 por cento das visitas feitas durante a primeira semana, e a cada semana que se seguia os resultados eram maravilhosos. Houve semanas em que as porcentagens chegaram até 95 por cento e houve 16 semanas nas quais meu pai vendeu a todos os fregueses que visitou.
>
> Meu pai deu aquela prece a vários outros vendedores, e, em todos os casos, os resultados foram espantosos.
>
> A prece que meu pai usou é a seguinte:
>
> "Creio que sou sempre divinamente guiado.
> Creio que encontrarei sempre a curva certa da estrada.
> Creio que Deus sempre abrirá um caminho, onde não houver caminho."

Uma oração simples, concordo, mas que, como estimulante do pensamento e da ação, está investida de um raro poder. Inconscientemente, aquele até então desanimado vendedor empregara os espantosos recursos vindos da fé em Deus, a crença na orientação, e o poder de visualização e afirmação. O resultado foi sua personalidade passar por modificação espetacular. O seu poder interior, por tanto tempo deixado suspenso, brotou como incrível jorro de ação eficaz. Tornou-se, literalmente, um homem novo, refeito e vital. As forças de sua personalidade, tão longamente adormecidas, foram liberadas para a ação, e não apenas de forma temporária. Tão grandes foram os poderes recentemente ativados, que eles se reabasteciam por si próprios, constantemente. Portanto, como disse o Dr. Marais na abertura deste capítulo: "Inspiração e motivação são exatamente iguais a alimento. É preciso tomá-los todos os dias, em doses salutares. De outra forma, o esgotamento, a depressão, a falta de ambição e realização bem depressa irão surgir."

Aquele vendedor, pelo uso desse simples, mas poderoso, princípio espiritual afirmativo e visualizado, absorveu alimento vitalizado para seu pensamento, e toda sua vida se modificou. Dali por diante possuiu um novo e vigoroso poder para manter a continuidade disso.

E, agora, aqui está a forma pela qual as forças da personalidade são liberadas para a ação:

1. Motivação é como alimento. Deve ser tomada diariamente, em doses salutares, para que se mantenha a continuidade dela.
2. Há muito mais poder na personalidade do que jamais foi usado: liberte-o.
3. Vida (*life*) tem um *se* (*if*) no centro da palavra, e o mesmo se dá com a nossa existência. Assuma o controle desses variáveis e incertos *se.*
4. Creia, afirmando e aceitando, na poderosa força de personalidade que existe em seu interior.
5. Pratique a extraordinária magia criativa de crer.
6. "Veja-se", "imagine-se" como o que quer ser, e então será exatamente isso.
7. Acredite que o milagre da modificação é sempre possível — para você. Acredite, na verdade, que isso lhe está acontecendo *agora.*
8. Tome novo e total compromisso com o princípio positivo e domine a habilidade de mantê-lo continuamente.

SEGUNDA FORMA DE MANTER A CONTINUIDADE DO PRINCÍPIO POSITIVO

Veja com olhos novos a palavra "Impossível"

O princípio positivo nos ajudará a ficar longe de contratempos e assim nos conservarmos daí por diante. Vou contar a história de Fred e Jennifer, que tinham contratempos — contratempos de verdade. Havia pesadas dívidas e a pequena loja de roupas que dirigiam mostrava alarmante tendência para fracassar.

A época era de aguda depressão financeira e sua cidade fora duramente atingida. Na verdade, em torno deles os negócios estavam sendo fechados. Parecia que sua vez não demoraria muito a chegar. A quantidade de faturas não-pagas totalizava, em seus livros, um número perigosamente alto. O dinheiro que entrava era tão escasso, que as contas de seus fornecedores não poderiam ser pagas, a não ser que algo acontecesse, e bem depressa.

Certa manhã, Fred e Jennifer estavam sentados, taciturnos, em seu pequeno escritório, revendo suas contas e faturas não-pagas. Tudo aquilo parecia inútil. Não havia freguês algum na loja, que acabara por tomar uma aparência desleixada.

Então, algo inteiramente inesperado, mas muito empolgante, aconteceu. Um cientista, pessoa destacada em pesquisa química, e amigo do casal, ia passando por uma rua não muito distante. Um certo impulso levou-o a dar a volta e visitar Fred e Jennifer. Não podia livrar-se da impressão de que era urgentemente importante que ele fizesse aquela visita.

Como o impossível tornou-se possibilidade

O amigo cientista encontrou o jovem casal num estado de espírito que margeava o desespero mesclado ao pânico.

À sua desnecessária pergunta: "Como vai o negócio?", Fred apanhou uma folha de papel e escreveu, em grandes letras, a palavra IMPOSSÍVEL, colocando o papel diante do amigo, um grande ser humano chamado Dr. Alfred E. Cliffe. Este observou a palavra, e disse, ponderadamente: "Olhemos para esta palavra 'impossível'. Vejamos o que podemos fazer com ela se não deixarmos que nos domine." Assim dizendo, apanhou um grande lápis preto e riscou duas linhas, uma sobre o I e outra sobre o M. A palavra POSSÍVEL, libertada do IM, surgiu forte e clara. "Nada — disse ele — nada será impossível se vocês não pensarem que é impossível. Que me dizem? Vamos começar a ver só os possíveis. Apliquemos o princípio positivo à situação de vocês."

Alfred Cliffe apanhou a fatura que estava no topo da pilha das que deviam ser remetidas aos devedores. "John Albott" — leu ele. "Que sabem vocês sobre o Sr. Albott? Tem mulher e filhos? Têm idéia de como vai ele em seu próprio negócio?"

"Por que saberia?" — resmungou Fred. "Ele não passa de um freguês, e bem moroso nos pagamentos."

"Pois eu lhe digo" — tornou Alfred — "que procure o número do telefone dele na lista. Faça uma chamada amistosa e pergunte-lhe como vão as coisas. E faça isso agora!"

A contragosto, Fred fez o aconselhado e entrou numa conversação que devia ser agradável, a julgar pelo primeiro sorriso que mostrava. "Ele pareceu satisfeito" — contou Fred — "e bastante surpreendido com o meu interesse. Perguntou como ia eu e, quando lhe disse que estávamos tendo trabalho para reunir e pagar as contas, disse que o mesmo lhe acontecia, e acrescentou que não se esqueceria de nós, embora eu lhe dissesse que não era por isso que eu lhe estava telefonando."

Então, Alfred Cliffe fez uma coisa estranha. Pediu a Fred e Jennifer que, com ele, colocassem sua mão direita sobre a pilha de contas a serem entregues. Orou, em voz alta, por todas as pessoas representadas naquela pilha de contas, não para que as pagassem, mas para que cada uma delas recebesse bênçãos de acordo com seus problemas particulares.

"Bem, agora, uma idéia" — sugeriu. "Vocês têm dinheiro para uma lata de tinta?"

"Ora, também não estamos tão por baixo assim."

"OK, mexam-se e pintem o interior da loja de um branco brilhante. Lavem, depois, essas vitrinas e janelas até que resplandeçam. Troquem as lâmpadas dessas instalações altas. E, acima de tudo, mostrem um rosto sorridente e fiquem na loja, esperando fregueses. Quando as pessoas começarem a aparecer, recebam-nas com autêntica amistosidade. Mantenham-se pensando em termos de "possíveis". Omitam, de uma vez por todas, o conceito de *impossível*. Não vai ser fácil essa largada, mas façam o que eu digo e continuarão a marcha — continuarão a manter a marcha."

Dentro de um mês o jovem casal já ganhara dinheiro bastante para manter a cabeça fora da água. E, paulatinamente, começou a ter algum pequeno lucro. Sobreviveu à depressão, e tudo porque aceitou o conselho sensato de um amigo e olhou com olhos novos a palavra "impossível".

Aquele Alfred Cliffe foi um dos homens mais intuitivamente sensatos que jamais conheci. Como professor da verdade, era soberbo em suas intuições e inspirações. Um gênio, virtualmente, no uso do princípio positivo.

Ele próprio aprendera a verdade positiva e criativa quando desesperadamente enfermo, e tanto, que fora praticamente abandonado à morte. No momento extremo desse fim, Cliffe entregou tudo a Deus, dizendo: "Será feita a Tua vontade. Leva-me se é esse o Teu desejo, mas se é Teu desejo que eu viva, passarei meus anos ensinando o espantoso poder da verdade espiritual para dominar a doença, o fracasso e todas as formas de dificuldade." Depois disso, o Dr. Cliffe sempre ensinou a verdade básica, a que me beneficiou pessoalmente, e enormemente, bem como a milhares de outras pessoas. E ele expressava isso numa frase inesquecível e feliz: "Adeus, e para Deus" (1). Isso significa fazer essencialmente o melhor, o melhor do melhor que se possa fazer. Então, citar São Paulo: "...e havendo feito tudo, ficai firmes" (Efésios, 6:13). Quando se fez tudo quanto se pode, que mais se pode fazer? É a ocasião de dizer adeus às falhas e entregar a Deus a direção das coisas. Com essa metodologia do princípio positivo jamais precisaremos ficar desencorajados ou derrotados. Nada

(1) Existe, aqui, um jogo de palavras, intraduzível. No original lê-se "Let Go and Let God". A idéia é a de abandonar as falhas entregando-se a Deus. Procuramos aproximar-nos daquele jogo de palavras com "Adeus (às falhas) e para Deus (a entrega)". (N. T.)

mais será impossível. Baseados nessa filosofia podemos sempre, e para sempre, manter a continuidade.

Mantenha a continuidade da inspiração verificando palavras

Uma forma segura de manter a inspiração viva, fortemente viva é verificar as palavras que usamos comumente. Uma palavra, ou combinação de palavras, forma um símbolo de pensamento, de forma que tendemos a revelar em nossas palavras o conceito básico de nossa mente. Os pensamentos mostram-se, invariavelmente, através das palavras de uso habitual. Se quisermos saber o que uma pessoa está realmente pensando, ouçamos, simplesmente, qual é o seu padrão habitual de palavras. E para saber por que o nosso próprio otimismo mental declina, estudemos, cuidadosamente, as palavras pessimistas que usamos habitualmente, na conversação cotidiana. Cita-se Emerson como tendo dito: "Corte-se uma palavra vital e ela sangrará." Isso quer dizer que as palavras são vivas e têm o poder de criar ou destruir.

De todas as palavras destrutivas, de uso comum, uma das mais poderosas é, sem dúvida, a palavra *impossível*. Mais pessoas podem ter falhado usando essa palavra do que qualquer outra do seu idioma.

"Isso é impossível" é o repetido depressivo que amortece o entusiasmo e atira água fria sobre muitos projetos que, de outra forma, poderiam ter êxito. É, portanto, de grande importância eliminar a palavra *impossível* da conversa diária, pois essa eliminação, com o tempo, diminuirá a influência dela sobre o processo determinante de nosso pensamento. Então, quando estivermos motivados para alcançar algum fim, ou fazermos de nós próprios e de nossa situação algo melhor, o conceito de impossível já não terá força suficiente para interferir com a operação do princípio positivo. Podemos manter a inspiração em poderosa continuidade. Seremos constantemente reabastecidos de forma motivadora que não declinará, que, de fato, crescerá mais forte e de modo mais vital.

Se o leitor avaliar-se segundo a base de passadas demonstrações de uma inspiração frouxamente mantida poderá reagir a estas afirmativas com a dúvida, senão com descrença. A palavra *impossível* faísca imediatamente em sua mente e você pode queixar-se: "É impossível, para mim, manter o otimismo em ação firme, em atitude positiva. É impossível que a inspiração de tal modo me arrebate, que possa governar constantemente as minhas reações e manter-me assim diante das dificuldades que estão sempre se amontoando." Se as expressões do leitor são desse tipo, tal coisa indica ser necessário um ataque frontal contra essa palavra *impossível* e o conceito gerador de fracassos que ela representa.

Ele atirou longe a palavra "Impossível"

Ao fim de uma palestra que fiz numa grande reunião de vendas, no *Massey Hall* de Toronto, um homem chegou apressadamente aos bastidores. Seu rosto mostrava-se positivamente resplandecente. Não há outra palavra que pudesse descrever sua expressão de maravilha e felicidade. Obviamente emocionado e excitado, insistia em contar sua história. E, ao ouvi-la, também eu fiquei excitado. É sempre uma tremenda experiência conhecer uma pessoa a quem aconteceu algo significativo, envolvendo totalmente sua personalidade.

"Devo tudo a uma história que está nas páginas de seu livro "Você pode, se acha que pode" — declarou ele. "Trata-se da estória sobre Napoleon Hill, o escritor inspirativo que é amplamente lido, cuja vida jovem estava adversamente condicionada à palavra *impossível.* Isso levava-o a viver uma existência de fracassos e desgostos. Queria ser um escritor e comprou um dicionário para se tornar dono das palavras. Um dia ocorreu-lhe que, de uma vez por todas, devia livrar-se da odiosa palavra *impossível.* Seu método foi simples: com uma tesoura recortou-a do dicionário, amassou o recorte e atirou-o ao fogo, vigorosamente. Quer saber? Eu fiz exatamente o mesmo e é espantoso como algumas possibilidades realmente grandes tomaram o lugar daqueles miseráveis 'impossíveis'."

"O senhor cortou, realmente, aquela palavra de seu dicionário?" — indaguei, estupefato. Meu propósito não fora encorajar a mutilação de dicionários, mas, e apenas, motivar pensadores do tipo "impossibilidade" a cortar aquele conceito de suas mentes.

"Eu precisava de algo espetacular" — respondeu ele. "Sempre, antes, eu me entusiasmava com um novo objetivo ou metia-me em algum projeto excitante. Então, o medo de não chegar à realização insinuava-se, esfriando meu entusiasmo, e o conceito "impossível" dominava. O resultado era ficar derrotado, batido, frustrado. Mas atirei fora, de uma vez, a palavra *impossível*. E agora, quando tenho uma inspiração, já possuo o necessário para fazê-la realidade. Aceitei o princípio positivo e não penso em 'talvez'."

Não me surpreendi ao descobrir que a mudança das atitudes daquele homem vinha de uma nascente espiritual, porque ele tirou do bolso um exemplar da nossa publicação mensal "Ajuda criativa para a vida diária". Nesse periódico são publicadas as minhas palestras, feitas todos os sábados na *Marble Collegiate Church,* a igreja da Quinta Avenida, em Nova Iorque, e enviada pelo correio a centenas de milhares de recebedores, em todos os Estados e em 110 países estrangeiros ([1]). Aquele exemplar continha a mensagem cujo título é "Veja com olhos novos o Impossível", e o homem havia sublinhado a passagem que dizia:

> Qual é a mais patética, a mais triste, a
> mais sinistra palavra da nossa língua?

John Greenleaf Whittier responde:

> De todas as tristes palavras faladas ou escritas
> As mais tristes são estas:
> Poderia ter sido!

Essa é, realmente, uma expressão que se coloca em nível altamente triste. E pode haver outras assim. Mas, realmente, a palavra "impossível" é, talvez, a palavra mais patética da nossa língua. E é uma pena que tal expressão esteja gravada de forma tão vívida na consciência de centenas de milhares de pessoas, levando-as a lembrar, constantemente, que não podem fazer algo, manejar algo, ter o necessário para tanto. E assim elas são derrotadas pelos arrasadores, impressionantes impossíveis.

Que se pode fazer contra esses grandes obstáculos, esses imensos, fantásticos impossíveis? Qual foi a última vez em que o leitor pronunciou a palavra "impossível"? Irá concordar, indolentemente, com a falsa noção de que a sua situação é impossível?

---

(1) Se quiser receber *Criative Help for Daily Living,* escreva-me, ao cuidado da *Foundation for Christian Living,* Pawling, N. Y. 12564 U. S. A. A publicação é grátis, pois é mantida por contribuições voluntárias.

Está para deixar que essa palavra o derrube? É uma decisão muito importante, a de fazer algo sobre esses chamados impossíveis que o têm afligido e derrotado por tanto tempo.

Veja com olhos novos o seu presente "impossível". Considere formas positivas de tratar do caso. Comece por estudar o Novo Testamento que está repleto de idéias sobre o manejo do impossível e que deveríamos ver como um manual de princípio positivo. Ele apresenta a fórmula exeqüível para transformar o "impossível" em grandes possíveis. Pensem, por exemplo, nessa maravilhosa verdade: "As coisas impossíveis para os homens são possíveis para Deus" (Lucas, 18:27). Isso quer dizer que se uma pessoa segue seu caminho com fé em Deus, acreditando que pode apropriar-se do poder divino, então sua situação já não será impossível, porque "as coisas impossíveis para os homens são possíveis para Deus". É simples assim.

Consideremos outra espantosa declaração: "...tiverdes fé como um grão de mostarda..." (Mateus, 17:20). Já viram um grão de mostarda? Coloquem-no em sua mão e o vento o levará. É pequeníssimo. Portanto, mesmo que tivéssemos apenas um pouquinho de fé como um grão de mostarda, se ela for autêntica, "nada" — e quero dizer *nada* — "nos será impossível".

Há muitos pensadores negativos hoje que nos dirão, rápida e dogmaticamente, que as coisas não são assim, e amontoarão argumento sobre argumento para apoiar o negativo, pois é de sua natureza denegrir o positivo. E por quê? Talvez porque não desejem sucesso ou vitória. É estranho, mas certas pessoas são mais felizes quando derrotadas. Têm o desejo do fracasso — atitude mental doentia. E também não desejam o sucesso de quem quer que seja. É possível que realmente queiram ver as coisas ir mal, de forma que possam queixar-se e criticar ainda mais, ou porque isso vem a igualar-se com seu próprio padrão de fracasso. Um pensador inteligente e reto inclina-se para um grande e estruturado conceito de verdade espiritual quando se convence de que isso realizou milagres na experiência de muitas pessoas, anteriormente derrotadas.

Portanto, olhemos com olhos novos o tal impossível. Elevemo-nos mentalmente acima dele, de forma que possamos alcançar uma posição que nos permita olhar do alto o nosso problema. Todos os generais que obtiveram importantes vitórias manobraram de terreno mais alto. Qualquer pessoa que deseje ultrapassar um problema deve erguer-se acima dele, no processo do pensamento. Então, esse problema já não parecerá tão formidável, e surgirá uma confiança mais elevada na capacidade para tratar com ele.

Passei muitos anos tentando convencer as pessoas de que possuem um poder interior para encarar e dominar todos os golpes com os quais as circunstâncias podem sobrecarregá-las. Há milhares, talvez centenas de milhares, que ouviram essa mensagem e responderam, exultantemente, ao poder do pensamento positivo. Inspiradas, e repletas de espírito dinâmico, a vida para elas tomou novo e alegre significado. Descobriram o poder — o maravilhoso poder que mantém a continuidade da motivação.

Quando, e isso é comum na experiência de cada pessoa sobre a terra, o desafio da inspiração chega, uma confiança positiva pode suportar tensão aguda. Doenças, desgostos, frustração, problemas financeiros, gravames pessoais, e muitas outras vicissitudes sugam tão fortemente os recursos pessoais, que a erosão, talvez mesmo o colapso da inspiração interior, podem ser, e com freqüência o são, o resultado.

Cartas de centenas de leitores dizem, com efeito: "Segui seus ensinamentos positivos e isso deu-me coragem, força e real felicidade. Mas agora aconteceu uma coisa terrível e minha fé está abalada. Como posso evitar o abandono dos seus ensinamentos? Como posso ter a continuidade do princípio positivo?"

Apenas um dólar e setenta e cinco centavos

Vejam, por exemplo, a leitora habitual da nossa publicação "Auxílio Criativo para a Vida Diária" que, no período de grave recessão, escreveu-me sobre sua luta para manter a fé positiva. Dizia-me que, naquele momento, sua conta bancária registrava, exatamente, um dólar e setenta e cinco centavos. Além disso, a firma em que seu marido trabalhava só pudera dar um aumento moderado, de acordo com o custo da vida, aos seus empregados, e, com os preços inflacionários, estava muito difícil equilibrar as coisas. "Mas" — dizia ela — "eu mantenho fé segura em que Deus tomará conta de nós, se conservarmos nossa atitude mental e espiritual em alto nível. Meu marido e eu decidimos não entrar em pânico, pensar positivamente e manter contínua e fortemente a nossa fé."

Algumas semanas depois, respondendo à nossa carta portadora de solícita atenção e confirmadora de sua segurança, ela escreveu novamente descrevendo as mais "surpreendentes ocorrências", com as quais uma fonte nova de renda adicional surgiu, quantia modesta, mas conveniente. Recusando-se a entrar em pânico, mantendo alta sua coragem, forte a sua fé, claro seu pensamento, o conceito de impossibilidade, que poderia ter frustrado resultado tão bom, não produziu influência negativa nessa humana e bastante comum situação doméstica.

Distúrbios físicos não podem construir impossíveis

Como podemos manter o nível otimista de nossa mente continuadamente, em base sustentável, quando aparece um problema físico? Através de que método a atitude inspirativa pode ser mantida, quando um golpe devastador se abate sobre nós, sabota a nossa saúde, nossa força e nosso bem-estar? São, essas, perguntas feitas por milhares de pessoas, todos os dias, em toda parte.

Tomaremos, como exemplo, a experiência de Chet Craig, um meu amigo, dedicado pensador positivo, que estava sempre trabalhando para dar resistência a seu corpo, às vezes caminhando tanto como 150 km por semana. Subitamente, teve um dia forte dor e sofreu, depois, uma operação de câncer na próstata. Mesmo assim, manteve a força do espírito. "Tenho de trabalhar com minha mente para que pensamentos relacionados com doença não possam crescer, como o tecido doente cresceu em meu corpo. Estou me mantendo acima disso tudo" — declarou ele, positivamente. "Vou sair disso no alto." E as últimas informações dizem que ele está fazendo exatamente isso. O princípio positivo mantém-no.

Outro caso: havia um homem no qual sempre penso como uma das pessoas inspiradas que conheci através dos anos. Estava eu num programa, para falar a dois mil vendedores, em Omaha, e fui precedido na palestra por esse famoso industrial e psicólogo. Não podia ficar de pé, pois tinha ambas as pernas paralisadas. Mas era certo que não havia nada de paralisado na cabeça dele, pois fez uma brilhante palestra, sentado em sua cadeira de rodas. Os membros da grande audiência só por um momento tiveram o interesse despertado pela piedade. Ele foi satírico, abrasivo, persuasivo, bondoso, de muito bom humor. Tinha tudo quanto um homem necessita para ser um comunicador eficiente, um poderoso orador público.

Mais tarde, quando eu comentava o seu magnífico desempenho e expressava admiração dizendo que achava difícil enfrentar um grande auditório, mesmo apoiado nas duas pernas, ele respondeu: "O cérebro não está nas pernas, está na cabeça. Minhas pernas estão paralisadas, mas até o momento minha cabeça funciona em ordem. Descobri que eu mesmo posso fazer a minha vida, ainda que esteja carente de pernas que trabalhem, porque ainda possuo um cérebro que trabalha."

É óbvio que esses dois homens tinham uma inspiração interior, uma motivação tal que os capacitava a seguir adiante, apesar da adversidade física. Ambos escarneciam da palavra "impossível".

"Que quer dizer com "impossível"? — eles me perguntaram. "Esqueça isso. Eu penso em termos de possível." Tinham encarado a palavra "impossível" e, estava claro, não se haviam impressionado com ela.

Ele supriu-se na nascente profunda da tragédia

Há, contudo, desgostos maiores do que dificuldades financeiras, ou mesmo problemas de saúde, notadamente aqueles acontecimentos trágicos que de vez em quando ocorrem na experiência humana, tal como a súbita e violenta morte de entes queridos. Nessas ocasiões o espírito é provado ao ponto máximo de sua resistência, em tal extensão que a palavra "impossível" exerce poder ameaçador que requer profundos e extraordinários recursos para enfrentar a situação com eficácia.

Minha esposa, Ruth, falou recentemente numa conferência de onze mil pastores batistas, no imenso auditório de Miami Beach, em reunião presidida pelo meu amigo, Dr. James L. Pleitz, de Pensacola. Ruth, que foi a única mulher a falar para aquele grande e importante auditório, mostrou-me o programa da reunião e notei que ele continha as letras dos cânticos a serem usados na convenção. Uma delas era do falecido Luther H. Bridgers, outro amigo de muitos anos e vigoroso líder do evangelho cantado. O cântico chamava-se "Ele mantém-me cantando".

Aquilo me fez lembrar da ocasião em que Luther Bridgers me convidara a ir à sua casa para o almoço, e passamos umas horas felizes e amistosas com a família. Descobri que aquele era seu segundo grupo familiar. Contou-me uma antiga tragédia, quando era jovem pastor e fora a outra cidade participar de uma série de reuniões. Uma noite, já bem tarde, foi acordado pelo toque do telefone. A voz hesitante de um amigo dava-lhe a quase incrível notícia de que sua casa se incendiara enquanto a esposa e os dois filhos dormiam. Todos os esforços tinham sido feitos para salvá-los, mas as chamas haviam avançado demais e os três membros da família pereceram no holocausto que destruiu a casa.

Atordoado, Luther deixou tombar o fone e ali ficou, sentado, o espírito em agonia. Não podia ser verdade! Então, lançou-se para fora do quarto, para fora do hotel, para a rua deserta onde mal surgia a manhã. Durante muito tempo caminhou de cá para lá, lutando desesperadamente para obter autocontrole.

Então, em sua procura de paz chegou até o rio, que fluía, largo e profundo, através da cidade. Olhava para ele, fascinado. Em sua fria profundeza havia o esquecimento. Um único momento de luta e seu espírito deixaria o corpo e se reuniria à esposa e aos filhinhos. A vida, agora, mostrava-se totalmente impossível. Impossível! Impossível! Essa palavra martelava seu cérebro. Impossível continuar. Devia morrer agora, naquela corrente de água veloz.

Mas bem no fundo de sua mente estavam enraizados com firmeza a fé e o amor a Deus-Pai. A luta foi intensa. Finalmente, ele tombou de joelhos e as lágrimas, que até então não haviam subido a seus olhos secos, corriam, agora, em cascata. Com as lágrimas veio, bem de seu íntimo, uma prece, em que pedia compreensão e força para suportar aquela tragédia com o poder outorgado a um verdadeiro crente. A luta foi longa e dura, mas ele encontrou seu caminho de volta. Mais tarde tornou a casar-se e criou uma segunda família, com a qual almocei, naquele dia.

Completando sua história, Luther sentou-se ao piano e tocou, comoventemente, com profunda expressão, algumas composições de grandes autores. Chegou, finalmente, às suas famosas canções. Jamais deixarei de me comover recordando aquele homem forte que cantava palavras conhecidas por milhares de pessoas:

Jesus, Jesus, Jesus,
O mais doce nome que conheço
Preenche tudo que desejo
Mantém-me cantando em meu caminho.

A luz dourada do sol derramava-se pela sala, iluminando o rosto do cantor. Com ele, um canário, numa gaiola acima do piano, começou também a cantar. E estou certo de que não foi a imaginação que me fez sentir aquele homem e aquele pássaro em perfeita sintonia, quando, juntos, louvavam o Senhor que dá vitória de tal magnitude aos seres humanos. E — quem sabe? — talvez também aos pássaros. Seja como for, o resumo e a substância do caso é que mesmo em tão definitiva tragédia, como a que sofreu, Luther Bridgers soube como manter a continuidade do princípio positivo. Fé com aquele calibre jamais reconhece a palavra ou o conceito "impossível".

Uma das principais lições, ou verdades, a ser apreendida pelas pessoas que pensam, é que o chamado "impossível" é realmente possível para os que têm a vontade, a coragem e a fé. Tecido na trama da existência humana está o fato de que, tudo quanto for adequado a que o homem obtenha ou realize, lhe será possível atingir. Marco Aurélio disse isso, com grande potência: "Não penses que o que é difícil de dominar para ti seja impossível para o homem; mas, se uma coisa for possível e adequada ao homem, considera-a atingível para ti" (Meditações, VI, 19). As coisas que alguém pode conceber em sua mente podem ser realizadas pelo uso da mente. Samuel Johnson declarava que "poucas são as coisas impossíveis para a diligência e a habilidade". Berton Braley resumia isso numa embaladora forma poética:

Há algum rio que digam não ser cruzável?
Há montanhas que não possam ser cortadas?
Nós nos especializamos no totalmente impossível
Fazendo coisas que "ninguém mais poderia fazer".

Assim, olhemos com olhos novos, ou, antes, com poderosos olhos novos, para a palavra "impossível". Reconstruamos nossa motivação. Tornemo-nos especialistas em fazer o totalmente impossível. E mantenhamos a continuidade do princípio positivo.

Agora, um resumo dos pontos básicos expostos neste capítulo:

1. Cortemos o "im" de impossível, deixando que uma palavra dinâmica surja livremente, bem clara — *possível.*
2. Façamos quanto pudermos numa situação difícil; depois, adeus a ela e entrega a Deus.
3. Nunca mais usemos a sério a palavra "impossível". Atiremos tal palavra na cesta do lixo verbal.
4. Pratiquemos o princípio positivo — o princípio do possível. "Se tiverdes fé... nada vos será impossível" (Mateus, 17:20).
5. Armazenemos um volume de indômita fé, suficiente para a ele recorrer e ser por ele mantido numa ocasião de crise.
6. O que se adequar a um ser humano poderá ser por ele atingido.
7. Tornemo-nos especialistas em fazer o "totalmente impossível", as coisas que "não podem" ser feitas.
8. Um olhar novo e direto para a palavra "impossível" fará com que sempre se torne possível manter a continuidade de nossa motivação.

TERCEIRA FORMA DE MANTER A CONTINUIDADE DO PRINCÍPIO POSITIVO

Conserve o pensamento de que nada pode abatê-lo

É surpreendente ver quantas são as coisas que abatem muita gente. E, habitualmente, não são coisas grandes, as grandes tragédias, mas as irritações e frustrações menores e desagradáveis. Essas parecem ser as causas reais das depressões do espírito, porque os seres humanos possuem, em seu íntimo, extraordinário poder diante de grandes acontecimentos.

Considere-se, por exemplo, o caso do Major H. P. S. Ahluwalia, da Índia, que subiu ao Everest, a mais alta montanha da terra. Com extraordinário regozijo ele postou-se, finalmente, sobre aquele grande, imenso pico. Mas agora o Major Ahluwalia não pode sequer subir do jardim para a porta de entrada de sua casa. Um paquistanês, atirador de tocaia, deu-lhe, em Caxemira, um tiro no pescoço; isso, ironicamente, depois do cessar-fogo haver sido declarado entre os dois países e as hostilidades terem cessado. Sua única locomoção, agora, é feita em cadeira de rodas — esse homem cujas pernas poderosas e vigoroso coração o haviam levado ao ápice do mais alto ponto do mundo.

Por acaso essa supertragédia o abateu? Bem, muito pouco. Pôde sobrepor-se a uma profunda depressão e, para usar sua própria e feliz expressão: "escalou seu Everest interior". E o Major explicava que o colocar-se no pico de si mesmo, depois de lutar contra seu próprio espírito, fora, em tudo, tão estimulante quanto a vibração de postar-se no ápice da grande montanha. Demonstrou, de forma dramática, que nada pode abater realmente uma pessoa, desde que ela tenha aprendido a arte, a capacidade, o poder de conservar a continuidade de sua força espiritual.

Talvez poucos leitores deste livro venham, jamais, a enfrentar um desafio ao espírito, mesmo remotamente comparável ao do Major Ahluwalia, mas quase toda a gente deve enfrentar irritações diárias, monotonia e aqueles aborrecimentos que oneram a inspiração e a vitalidade motivadora. Manter a continuidade em presença do acúmulo de frustrações não é fácil, certamente.

A frustração comum toma, às vezes, formas e expressões bastante inusitadas. Como, por exemplo, a da dona de casa que ficou inteiramente farta dos constantes e eternos aborrecimentos aos quais se sentia desesperadamente submetida. Em certo momento, com a sensação de que não conseguia mais suportá-los, ela, simplesmente, pôs fogo na casa e dela saiu sem olhar para trás! Li num jornal, algures, a notícia dessa pequena história de agitação e furor humanos.

E há, também, o caso do marido tranqüilo e submisso que durante anos se havia abandonado, branda e indolentemente, à sua irritada e ralhadora esposa. A frustração, dentro do peito daquele marido, estourou, finalmente. Ainda de acordo com a sua natureza nada combativa, o atormentado homem deixou a casa, certa manhã, sem uma palavra, e ausentou-se durante vinte e cinco anos. Então, voltou ao lar, e a esposa dizia que se tornara muito mais fácil conviver com ele, agora, do que antes. Nada constou sobre a reação dele próprio, mas, dessa vez, ficou em casa. Esse fato eu o li também em alguma esquecida folha diária que contava as fraquezas da natureza humana.

Em outro livro contei um curioso caso de frustração e irritação e sobre seu poder de abater as pessoas. O caso referia-se a um homem de negócios que fizera de sua casa e de seu escritório um inferno através dos estouros de seu mau gênio, de sua ausência absoluta de autocontrole. Vivia, conforme sua esposa e o pessoal de seu escritório diziam, sempre "subindo pelas paredes". Ao que parece, sua aspereza e sua irritação eram tão agudas e contínuas, que as paredes seriam sua morada habitual.

A roda desandou

Um dia, porém, a roda desandou. Ele tinha estado a revolucionar a casa, violentamente, reclamando que não podia agüentar mais aquilo e que tudo estava indo à breca. A tirada vinha envolta em palavras rudes e exaltadas.

Eis como a roda desandou. A esposa havia agüentado tudo quanto podia. Com os olhos fuzilando, empurrou-o para uma cadeira e postou-se diante dele, em indômita fúria. "Agora você vai me ouvir e não diga uma só palavra. Tenho deixado que berre, esbraveje e blasfeme até ficar completamente farta disso. É a minha vez, e fique aí sentado e ouça até que eu diga tudo quanto quero." Então, começou a fazer uma aguda e clara exposição do tipo de pessoa mesquinha, irritável, egoísta, em que ele se tornara.

Não eram apenas as coisas que estavam acabando com ele — declarou a esposa. Ele próprio estava-se acabando, vitimado por seu estado grosseiro e nervoso, no qual a frustração, gerando irritação, chegava ao ponto em que ela e todos os demais consideravam impossível conviver com ele, ou, realmente, suportá-lo.

Enquanto a esposa o desancava, ele teve, subitamente, a impressão de que a figura da mulher se desvanecia diante de seus olhos. Já não tinha consciência da presença dela, ou da sala na qual o diálogo se iniciara. Ao invés, parecia-lhe estar de pé, à margem de um rio estranho, de correnteza lenta. Em meio ao fluxo de água, um objeto, de aspecto repulsivo, bubuiava, frouxamente. De súbito, o homem teve a aguda consciência de que estava vendo dentro de si próprio, que aquela era a correnteza de sua individualidade. E a coisa escura e feia que flutuava indolentemente, era, compreendia agora, o que havia de errado e mau em sua natureza. Aquela era a fonte de sua cerrada tensão, e iria finalmente destruí-lo, a não ser que fosse rapidamente contida. Isso ele via claramente, sem a menor dúvida.

A visão foi se desfazendo paulatinamente e reapareceu a altamente indignada esposa, ainda esfolando com veemência o marido. Agora, porém, ficou a olhá-lo indagadoramente, e, surpreendida, silenciou, estupefata.

"Vejo-me claramente" — disse ele, como que tomado de respeitoso temor. "Nunca tive antes tão aguda visão interior do meu próprio eu. Sei, agora, que preciso destruir esse centro interno de fracasso. Porque é dele que parece vir a irritação que me incita a perder o raciocínio."

Esse fato, representa uma curiosa demonstração do efeito cumulativo das frustrações que se vão formando uma após outra. O homem envolvido, devido àquela aguda e extraordinária revelação de autoconhecimento, recuperou seu desmantelado senso de equilíbrio. Sua personalidade normalizou-se. Um novo controle sobre os fatores de frustrações e irritações capacitou-o a manter a firme convicção de que nada poderia abatê-lo. Reaprendeu a capacidade de manter a continuidade eficaz do princípio positivo, contendo, imperiosamente, até agora, reações emocionais incontroladas.

Canadense frustrado encontra a resposta

A luta contra as irritações e exasperações, que atormentam tantos, e as soluções possíveis para dominá-las foram ilustradas por um canadense.

"Eu não posso continuar assim" — declarou ele. Portanto, deixou sua casa sem qualquer explicação, fosse a quem fosse, e dirigiu-se, em seu carro, para Nova Iorque. Só tinha um objetivo em mente — engajar-se como marinheiro de convés num cargueiro vagaroso que se dirigisse para um porto distante, não lhe importava onde. Que fosse para qualquer lugar de onde houvesse distância entre sua casa e ele próprio, eis tudo quanto desejava.

Chegou a Nova Iorque num sábado e ficou sabendo que as atividades portuárias só recomeçariam na segunda-feira. Vagueou sem rumo pela cidade, tentando o esquecimento nas salas dos cinemas, mas todas elas deixaram-no frio. Na manhã de domingo, ainda caminhando sem objetivo, viu-se na Quinta Avenida. Surpreendeu-se ao ver uma grande fila de pessoas encaminhando-se para uma igreja. Nunca vira filas para igrejas, e entrou naquela, mais por curiosidade do que pelo desejo de ir a um templo, e teve a sorte de conseguir o último lugar, no último banco.

Cinco anos mais tarde o homem escrevia-me para falar de sua experiência naquela manhã de domingo. Olhando em torno de si reparara que havia ali brancos e negros, de fato pessoas de várias raças, uma porção de jovens, a congregação parecendo consistir talvez em mais de 50 por cento de homens. Todos tinham ar amistoso, e uma sensação que ele finalmente resolveu chamar de amor, mais o entusiasmo, tudo parecia saturar a atmosfera.

Ouvindo o notável coro, a leitura dos Evangelhos e as preces, e participando, com hesitação, do cântico entusiasta dos velhos hinos familiares, começou a sentir uma cálida sensação de pertencer ao grupo. "Lembranças dos dias bons da minha mocidade reviveram em minha mente. Profunda paz encheu meu coração. Lágrimas vieram-me aos olhos, enquanto eu estava ali, sentado em meu grande refúgio de pedra."

O serviço religioso chegou ao fim e a grande congregação começou a deixar a igreja. Todos pareciam animados, renovados, felizes. Então, a senhora que estava ao lado dele ofereceu-lhe a mão, em cumprimento, e tudo quanto ela disse foi: "Deus o ama." Aquilo foi o bastante. Sacudiu-o. Lá fora, na avenida, caminhou por muitos quarteirões como se caminhasse no ar. Sabia que poderia enfrentar — enfrentar tudo. Agora acreditava, com profunda certeza, que poderia erguer-se acima de todas as frustrações. A nova motivação inspiradora que fortemente sentia era, seguramente, uma coisa real, e ele não tinha dúvida de que poderia mantê-la atuante. E foi isso, precisamente, o que fez. Voltou imediatamente para o Canadá, e prosseguia fortemente em seu propósito quando me escreveu a respeito de sua experiência, cinco anos depois, aquela experiência que lhe ensinara a verdade dinâmica de que nada nos pode abater.

A vida pode ser dura, muito dura

Não se pode negar que a vida sobre a terra tem uma poderosa capacidade esmagadora. As circunstâncias relacionadas com saúde, emprego, dinheiro, hostilidade, desentendimentos e numerosos outros adversários do bem-estar estão fazendo a vida difícil, quando não positivamente dolorosa, para muitíssimas pessoas, todos os dias.

Não admira que, conforme consta, o psicanalista Freud tivesse dito: "O dever principal de um ser humano é suportar a vida." E a vida pode ser realmente dura, muito dura.

Tomado em sentido profundo, é verdade que um dever principal, embora não *"o"* dever principal de qualquer de nós, é suportar o que a vida nos trouxer. Há certas coisas inevitáveis com as quais temos de viver. Aprender a viver com alguma incapacidade dolorosa, porque não foi encontrada a fórmula libertadora, é, em si mesmo, uma realização.

Meu pai era um homem muito feliz e criativo. Em sua meia idade surgiu-lhe uma dolorosa doença artrítica que o incomodava sem cessar. "Quase me derrubou" — confessava ele. "Mas eu fui mais esperto. Soube, finalmente, que não haveria cura, mas apenas paliativos. Aceitei o fato e aprendi a viver com ela." Nos últimos tempos nunca falava muito sobre isso e viveu para comemorar seus oitenta e cinco anos. Uma coisa é certa: a doença jamais o abateu, absolutamente não. Ele chegou a declarar que ela lhe parecia menos dolorosa depois que a aceitou como algo inevitável, com o qual deveria viver. Aplicou o princípio positivo ao problema físico.

Com o devido respeito pelo princípio "suportá-la", que muitas vezes torna muito sombrias as dificuldades da existência humana, há uma outra atitude que é otimista, chamada o princípio do "dominá-la". Basicamente, nada pode abater-nos se usarmos aquela qualidade que está profundamente dentro de nossa natureza humana e que resiste à derrota: a força impulsionadora destinada a enfrentar e dominar qualquer elemento esmagador em nossa experiência. Uma sentença vigorosa a descreve: "Esta é a vitória que vence o mundo, a nossa fé (I João 5:4). A fé é a mais poderosa das forças que operam sobre a humanidade e, quando a possuímos em profundidade, nada poderá abater-nos. *Nada.* Esse é o princípio positivo, e está cheio de poder curador.

Anão se torna um gigante

Se o leitor se considera fraco, inadequado, carente do poder de enfrentar os rigorosos desafios e dificuldades da vida, estará tendo de si próprio um conceito errado. O leitor não é assim inadaptado e carente de força como se imagina. Realmente, essa suposição é perigosa, pois tende a criar o fato. Chegamos a criar um caso contra nós próprios quando continuamos a ter semelhantes pensamentos. Esse processo de autolimitação e autodepreciação raramente se expressa às claras quando erguemos barreira contra ele. Mas trabalha na consciência. E, com ênfase sempre renovada, pode, com freqüência, por osmose mental, passar para o inconsciente, onde se torna decisivo.

Isso resulta em tentativas individuais para abater o gigante que o Criador colocou no centro de cada personalidade. Porque há um gigante em cada pessoa e nada pode abater esse gigante a não ser que ele próprio se mantenha abatido.

Ernie Belz, ao chegar à América, vindo da Europa, tinha uma personalidade gelada. Era tão anormalmente baixo de estatura (pouco mais de um metro e trinta) que desenvolvera um senso profundamente arraigado de inferioridade. Era suíço, tinha trinta anos, e, tendo procurado vir para os Estados Unidos com a esperança de se encontrar, descobriu, de início, que isso ia ser duro.

Seu inglês hesitante fazia quase sempre sorrir e seu tamanho minúsculo sempre atuava como obstáculo. Para subir a um ônibus, como não alcançava o degrau, tinha de dar um arranco. Se ia a uma loja para comprar roupas, dirigiam-no à secção dos meninos.

Um dia, Ernie Belz estava almoçando sozinho num restaurante quando um jovem da *Marble Collegiate Church* convidou-o a fazer parte do grupo de Jovens Adultos da igreja. Ele aceitou e recebeu amizade e compreensão em lugar dos olhares curiosos a que estava habituado. Mas o degelo de uma personalidade enregelada não se dá em um dia — nem em um mês.

O grande ponto de retorno chegou uma noite, na reunião dos Jovens Adultos, quando um dos membros falou, convincentemente, sobre o tema "Deus tem um plano para a minha vida". Ernie fez algumas perguntas quanto a essa idéia. "Você quer dizer que acredita, realmente, que Deus tenha um plano para a minha vida, sendo eu um camarada assim pequeno?"

"Claro que sim. Deus tem um plano para cada um de nós, e isso inclui você, Ernie. O problema está em você querer fazer o que Ele quer que você faça."

Em outras reuniões com aqueles jovens espiritualizados e animados, mostraram-lhe que o tamanho, a cor, ou qualquer outro obstáculo dessa natureza nada tinham a ver com o quanto e como eficaz alguém poderia ser.

O resultado desse encorajamento foi que Ernie começou a pensar mais criativamente. Aprendeu o princípio positivo. Parou de tentar esconder-se entre a multidão e começou a interessar-se pelos outros, como indivíduos. Ofereceu-se como voluntário para os projetos de trabalhos da igreja. Descobriu a arte de desvendar os interesses de outras pessoas e trazer à tona o que havia de melhor em cada personalidade.

Coisas boas começaram a acontecer a Ernie Belz. Uma delas foi quebrar a casca de inferioridade e tornar-se um indivíduo liberto. Muitos anos mais tarde obteve um cargo administrativo numa instituição educacional na África.

Ernie deve ter progredido muitíssimo em seu trabalho, porque um executivo que era seu chefe escreveu: "Como este mundo seria melhor se houvesse mais gente igual a Ernie Belz. Ele pode ser pequeno na estatura física, mas é, realmente, um gigante quando se trata de ajudar outras pessoas a se encontrarem."

Podemos fazer coisas incríveis

Quando aquele gigante interior está animado e vigoroso, já não nos sentimos embaraçados por pensamentos inferiores e negativos. Quando estamos completamente tomados pela fé em Deus e em nós próprios, podemos fazer quase tudo o que, firme e decisivamente, decidamos fazer. Quando, sem restrições, adotamos uma atitude "de todo coração", podemos fazer coisas incríveis. Estranha a tendência de alguns céticos para desacreditarem a assertiva que diz: "podemos fazer praticamente qualquer coisa que decidamos fazer". Na verdade, eu me inclino a riscar essa palavra "praticamente", especialmente quando recordo a extraordinária história de Legson Kayira, um adolescente que vivia em minúscula aldeia africana e que caminhou 4 000 km através do continente e daí foi para a Costa Oeste americana. Mas deixemos que ele conte essa história com suas próprias palavras. Ao seu incrível raconto ele chama "Descalço na América".

> Minha mãe não sabia onde era a América.
>
> Eu lhe disse: "Mãe, quero ir para a América, para o colégio. Quer dar-me sua permissão?" "Muito bem" — respondeu ela. "Pode ir. Quando irá?" "Amanhã" — disse eu.
>
> Não lhe queria dar tempo para descobrir quão distante ficava a América, com receio de que mudasse de opinião.
>
> "Vou preparar um bolo de milho para você comer no caminho" — foi o que respondeu. No dia seguinte deixei minha casa, que ficava ao norte de Niassalândia, África Oriental. Tinha apenas a roupa que usava, uma camisa e um *short* cáqui. Levava os dois tesouros que possuía: uma Bíblia e um volume do "Pilgrim's Progress". Levava, também, o bolo de milho que minha mãe me dera, envolvido em folha de bananeira.
>
> Meu objetivo estava num continente para além de um oceano, mas eu não duvidava de que chegaria até lá. Não tinha idéia quanto à minha idade. Essas coisas pouco significam numa região

em que o tempo é sempre o mesmo. Penso que teria 16 ou 18 anos. Meu pai morrera quando eu era muito pequeno. Minha mãe vira os missionários e o resultado foi a nossa família fazer-se cristã.

Com os missionários aprendi que não era uma vítima das circunstâncias, mas senhor delas. Aprendi que tinha a obrigação de usar o possível talento que tivesse para melhorar a vida de outros. E que, para fazer isso, era preciso ter educação. Aprendi coisas sobre a América. Li a vida de Abraham Lincoln e passei a amar aquele homem que sofrera tanto para ajudar os que estavam escravizados em seu país. Li, também, a autobiografia de Booker T. Washington, ele próprio nascido escravo, na América, e como crescera em dignidade e honra para se tornar o benfeitor de seu povo e de seu país.

Compreendi, paulatinamente, que na América eu poderia receber o treinamento e as oportunidades que me preparariam para imitar esses homens em minha própria terra, para ser, como eles, um líder, talvez, ou então o presidente de meu país.

Minha intenção era fazer o caminho até o Cairo, onde esperava conseguir uma passagem em navio que fosse para a América. O Cairo ficava 4 800 km de distância, distância que eu não compreendia qual fosse, e pensava, totalmente, poder vencê-la em quatro ou cinco dias. Mas, no quarto ou quinto dia eu estava apenas a 40 km de minha casa, minha comida acabara, não tinha dinheiro e não sabia o que fazer, a não ser que devia seguir adiante.

Organizei um padrão de viagem que se tornou minha vida por mais de um ano. As aldeias ficavam, habitualmente, a 8 ou 9 km de distância umas das outras, nos caminhos das florestas. Eu chegava numa tarde, perguntava se podia trabalhar para ganhar comida e um lugar para dormir. Quando isso era possível, eu passava a noite ali e na manhã seguinte partia para a próxima aldeia. Andava, realmente, sem defesa contra os animais da floresta, que eu temia, mas, embora os ouvisse, à noite, nenhum deles se aproximou de mim. Mosquitos transmissores de malária, contudo, eram companheiros constantes, e muitas vezes fiquei doente.

Ao fim de um ano eu caminhara 1 600 km e chegara a Uganda, onde uma família me deu abrigo e onde encontrei trabalho fabricando tijolos. Fiquei seis meses ali e mandei para minha mãe a maior parte do dinheiro que ganhei.

Em Kambala, deparei, inesperadamente, com um anuário de colégios americanos. Abrindo-o ao acaso, vi o nome do *Skagit Valley College, em Mount Vernon,* Washington. Eu ouvira dizer que os colégios americanos às vezes davam bolsas de estudo para as pessoas que as mereciam, e escrevi, solicitando uma dessas bolsas. Compreendia que poderia haver uma recusa, mas não se sentia desencorajado: escreveria a uma escola após outra, até encontrar uma que me ajudasse.

Três semanas mais tarde uma bolsa me foi outorgada, com a certeza de que a escola me ajudaria a encontrar um emprego.

Num arrebatamento de alegria procurei as autoridades dos Estados Unidos e, então, fiquei sabendo que aquilo não era o bastante. Precisaria de um passaporte e de uma passagem de ida e volta a fim de obter o visto.

Escrevi para o governo do meu país pedindo um passaporte, mas tive uma negativa por não saber dizer onde tinha nascido. Escrevi, então, aos missionários que me haviam ensinado em minha infância e, através de seus esforços, consegui o passaporte. Mas ainda não podia obter o visto: não tinha a passagem exigida. Ainda resolvido, recomecei minha viagem. Tão forte era a minha fé que usei o último dinheiro que tinha para comprar meu primeiro par de sapatos. Sabia que não poderia entrar descalço no colégio. E levava-os na mão, para não gastá-los. Através de Uganda, e no Sudão, eu caminhei. As aldeias eram mais distantes umas das outras e as pessoas menos amistosas. Tinha de andar, às vezes, 30 ou 40 km por dia para encontrar um lugar onde pudesse dormir ou trabalhar a fim de ganhar comida. Por fim, cheguei a Cartum, onde me ensinaram onde era o consulado dos Estados Unidos.

Mais uma vez fui informado das exigências para entrada naquele país, mas dessa vez o cônsul interessou-se e escreveu ao colégio sobre a minha situação. Responderam-lhe por telegrama.

Os estudantes, tendo tido conhecimento do meu problema, reuniram os 1 700 dólares da passagem, fazendo festas beneficentes. Fiquei comovido, profundamente grato, e alegríssimo por ter julgado, corretamente, que os americanos eram amistosos e fraternais.

Notícias de que eu caminhara durante dois anos e 4 000 km, circularam em Cartum. Os comunistas me procuraram e se ofereceram para mandar-me a uma escola na Iugoslávia, com todas as despesas pagas, incluída a viagem e a subsistência durante meus estudos. "Sou cristão" — respondi — "e não poderia educar-me para chegar a ser o homem que pretendo ser se freqüentasse suas escolas sem Deus." Disseram-me que, na qualidade de moço negro, eu teria dificuldades raciais nos Estados Unidos, mas eu lera o bastante para saber que esse fator era mínimo.

Depois de muitos, muitos meses, levando meus livros e usando meu primeiro terno, cheguei ao *Skagit Valley College*. Em meu discurso de agradecimento ao corpo de estudantes, revelei meu desejo de chegar a primeiro-ministro, ou a presidente de meu país, e reparei que houve sorrisos. Fiquei a cogitar se teria dito alguma coisa simplória. Penso que não.

Quando Deus põe um sonho impossível em nosso coração, Ele pretende que o realizemos com o Seu auxílio. Acreditei na verdade dessa afirmação quando, como um menino que trabalha no mato, senti-me compelido a tornar-me um homem diplomado por uma faculdade americana. E meu sonho de ser presidente de Niassalândia pode, também, tornar-se realidade."

Atualizando a história

Para atualizar a história acima: o Sr. Kayira está ainda caminhando, para cima e para a frente, com seu gigante interior, e caminhando com força. Nunca deixa de viver pelo princípio positivo. Tornou-se professor de Ciência Política na Universidade de Cambridge, Inglaterra. Escreveu um livro, *The Looming Shadow,* de ficção, e um outro baseado na vida africana.

Que queremos dizer, quando dizemos que não podemos fazer qualquer coisa? Que queremos dizer, quando dizemos que as coisas podem nos abater? Isso não acontece quando temos o acicate, o impulso, a motivação para seguir adiante, para manter a fé permanentemente. Cultivemos este pensamento, forte e seguramente: nada pode jamais abater-nos. Se pensarmos estar abatidos... sabem que mais?... não nos conservemos abatidos. Ergamo-nos. Lancemos para longe a derrota. Reativemos o gigante interno e prossigamos — e continuemos a manter a fé. Vivamos sempre com o extraordinário princípio positivo.

Essa é a filosofia provada e realista que traz o sucesso, que mantém o sucesso.

Como recuperar a fé e mantê-la

Suponha-se, porém, que o leitor já foi abatido antes de iniciar a leitura deste livro e que aceitou o pensamento negativo de que está abatido, e certo de que o estará para sempre. E daí? Mude o leitor de atitude. Simplesmente comece a afirmar: "Não pretendo me conservar tombado. Que vantagem foi ter chegado ao fundo! Jamais minimizarei o valor do fundo, porque é um lugar vantajoso para se chegar. É o mais baixo que posso atingir. A única direção, a partir dele, é para cima. E para cima é que eu vou."

Assim, comece a olhar para cima. Comece a pensar para cima. Comece a agir para cima. Mantenha-se seguindo em direção para cima, por muito íngreme e longa que seja a subida. Se o leitor se mantiver pensando positivamente, afirmando positivamente, o caminho ficará claro e ele alcançará o grandemente desejado topo, lá em cima. Com esse espírito, o topo não estará tão distante, e dessa vez o leitor ficará sobre ele, porque aprendeu como conservar a fé atuante.

Executivo de 52 anos perde emprego, mas. . .

Um amigo, aos cinqüenta e dois anos, trabalhava como vice-presidente de uma sólida companhia manufatureira. Era engenheiro, dotado de notável capacidade administrativa. Então surgiram duas condições adversas: um período de recessão e algumas invenções inovadoras por parte de um competidor, o que levou a tornar obsoleta, praticamente, a linha da sua firma. A companhia quebrou numa ocasião em que havia poucos empregos, especialmente para homens de mais de cinqüenta anos. A desastrosa situação chegou finalmente a um ponto em que o meu amigo se viu forçado a aceitar qualquer emprego que conseguisse obter. Não era orgulhoso. Queria trabalhar, simplesmente. Precisava, realmente, trabalhar. Bateu a muitíssimas portas. "Lamento, mas nada temos no momento. Deixe seu nome." E assim ia ele, dia após dia.

Finalmente, o chefe da secção do pessoal de uma firma, examinando o currículo apresentado por ele, disse, honestamente:

"O senhor tem boa experiência em engenharia. No momento não estamos precisando de ninguém, mas poderá haver mais tarde uma vaga pequena, provavelmente pouco interessante para o senhor. A dificuldade está, como vê, no fato de ser superqualificado."

"Superqualificado uma conversa! Sou engenheiro mas posso trabalhar com uma vassoura. Provarei ser o melhor varredor que já houve nesta firma."

E foi, realmente, admitido como assistente do zelador, como homem de limpeza.

Àquele emprego mesquinho, entretanto, ele aplicou seu conhecimento organizador, de tal sorte que terminava suas tarefas em tempo recorde e voltava em busca de novas ordens. Cada pequeno serviço era feito não só rapidamente, mas de forma inovadora, que poupava tempo e esforço.

Mais tarde tornou-se gerente divisional daquela organização e, segundo a última notícia que tive, ele estava encaminhando-se para o lugar que pode ser chamado de antítese do fundo, isto é, o topo.

Não precisamos deixar seja o que for derrotar-nos, mas, se o formos, certamente não precisaremos deixar que coisa alguma nos conserve em tal situação.

O método de Art Fleming para manter a continuidade

Gosto da forma pela qual Art Fleming, famoso entrevistador do longamente mantido programa de televisão "Risco", tratava esse assunto de não deixar que nada o derrubasse. Art sabe como manter a continuidade. Vive pelo princípio positivo.

Vejam bem. Art é diácono em minha igreja e sabe como tratar um assunto rude espiritualmente. E essa, é óbvio, deve ser a única forma sensata de se tratar qualquer coisa importante.

Aqui vou contar de que forma Art reagiu à notícia de que seu programa de perguntas e respostas, no ar havia tanto tempo e tão popular, ia ser cancelado, segundo Steve Tinney, do *National Inquirer*:

> "Nem de leve estou aborrecido por isso", disse o famoso mestre-de-cerimônias. "Na verdade, estou ansioso para saber o que Deus tem reservado para mim. Pode parecer estranho, mas acredito realmente que, quando uma porta é fechada, outra, até mesmo melhor, é aberta. Minha vida — continuou ele — sempre esteve nas mãos de Deus, e por saber disso é que mantenho sempre uma atitude mental positiva. Posso aceitar seja o que for que Ele me reserve, e seja o que isso for, será melhor do que o 'Risco' — sei que será."
>
> "Não pretendo ser mais santo que os demais" — declarou Fleming. "Mas, da forma com que vejo as coisas, se Deus está comigo, quem pode estar contra mim? Minha inspiração e minha orientação vêm da conversa diária com Deus. Agradeço-lhe a cada dia que passa, seja o que for que nesse dia aconteça."

Fleming contou, então, como, entristecido pelo falecimento de seu pai, havia alguns anos, ficara de tal forma abatido que partiu para uma região longínqua do Canadá, onde não havia telefone, nem contato com o mundo exterior. Enquanto lá estava, um empresário manufatureiro tentou comunicar-se com ele através da atraente proposta para promover sua mercadoria na televisão, mas, não conseguindo alcançá-lo, assinou com outra pessoa o lucrativo contrato. Art confessa que se sentiu desapontado ao regressar, mas nessa ocasião teve a oferta para "Risco", que manteve no ar durante onze anos, coisa que teria perdido se estivesse presente para aceitar o primeiro oferecimento.

"Deus vigia todos nós" — concluiu Fleming. "Quando as coisas não vão bem é que Ele nos está fortalecendo para as coisas melhores que virão."

Assim, mantenhamos também nós o pensamento de que nada pode abater-nos, e mantenhamos em ação o princípio positivo — sempre em ação.

Recordemos:

1. Não nos preocupemos com a nossa capacidade de tratar com os grandes desastres: escoremo-nos contra as frustrações e irritações pequenas.

2. Recordemo-nos sempre, quando frustrados, de que a coisa não é assim tão má — e que Deus nos ama.

3. Tenhamos a certeza de que há um gigante dentro de nós. E libertemos então esse gigante: NÓS.

4. Recordemos, e jamais duvidemos de que, com a ajuda de Deus, poderemos fazer coisas incríveis.

5. Nunca pensemos baixo — pensemos sempre alto.

6. Coloquemos os problemas nas mãos de Deus e deixemo-los ali. Ele tomará conta de nós e levará as coisas para o bom caminho.

QUARTA MANEIRA DE MANTER A CONTINUIDADE DO PRINCÍPIO POSITIVO

Liguemo-nos ao Entusiasmo Auto-Repetitivo

Aconteceu em um ônibus, na Quinta Avenida de Nova Iorque. Um amigo entrou no veículo e desabou, com um suspiro, no lugar vizinho ao meu. "Alô, Senhor Pensamento Positivo, você é exatamente o camarada de quem preciso. Ora, veja, encontrá-lo aqui!"

"Que se passa?" — perguntei. "Por favor, esclareça." Somos velhos amigos e gracejos são habituais entre nós.

"Rapaz, lá se foi o entusiasmo! E ouça, não me venha com aquela tralha positiva. Veja, tive uma dúzia de contratempos e ultimamente tudo vai mal. Nada corre certo, nada."

E começou a desenrolar a tal dúzia de contratempos, mas reparei que, à altura do quarto deles, foi hesitando e, com muito esforço, não pode ir além de seis.

"Você conta muito mal ou tem muita imaginação" — comentei eu — "pois disse que teve uma dúzia de contratempos e só conseguiu chegar a seis. Por que esse exagero?"

"Bem" — hesitou ele — "pareciam uma dúzia, pareciam, mesmo, cem. Seja como for, todo aquele velho entusiasmo que você me comunicou da última vez em que eu o ouvi falar lá se foi pelo cano."

"Bem fraco entusiasmo era esse, se quer saber, se foi pelo cano tão depressa, só porque teve um par de contratempos que qualquer um que tivesse um pouco de miolo na cuca poderia resolver sem toda essa dramatização. Na minha opinião você está forçando a barra. Seja como for, não precisa de um entusiasmo oco, que foge ao primeiro sinal de uma pequena dificuldade. Dou-lhe uma sugestão: ligue-se, ligue-se realmente a um entusiasmo auto-repetitivo. Para fazer isso, pense, reze, e aja com entusiasmo até que ele se incorpore a você."

"Está bem, está bem, obrigado pelo sermão. Tentarei" — disse ele quando deixamos o ônibus e nos separamos na esquina da Rua 57. Alegra-me informar que ele alcançou a meta. E o conseguiu construindo um entusiasmo que emprestou acréscimo de forças a todas as suas atividades. Na verdade, ele ia bem quando nos encontramos no ônibus, só estava falando de maneira errada. Isso, em si mesmo, é perigoso, porque a maneira errada de falar pode levar a pensamentos errados. E então podemos, realmente, chegar a contratempos reais.

É engraçado ver como algumas pessoas ligam-se ao entusiasmo auto-repetidor e mantêm-se ligadas apesar de uma série de coisas que poderiam desligá-las e que, realmente, se desligam em grande número de indivíduos que reagem pelo desânimo.

Há outras, contudo, em maior número do que se imagina, que aprenderam a habilidade de um entusiasmo auto-renovador. Sabem, de fato, como manter a continuidade do princípio positivo. Como a senhora de noventa anos que eu vi em Ontário. Eu ia descrevê-la como uma senhora idosa, mas, já que ela só é idosa cronologicamente deixarei de lado a palavra "velha" como inexata para o seu caso. Sob qualquer aspecto, ela é brilhante exemplo do princípio positivo em ação.

Sua fonte de Entusiasmo Auto-Repetidor

A mulher estava numa cadeira de rodas. Uma perna fora amputada, mas, com muito entusiasmo, ela contava como, vivendo sozinha, fazia todo o trabalho doméstico de sua cadeira de rodas, usando, mesmo, um aspirador de pó, cozinhando as refeições e arrumando a cama.

"Deve ser muito duro" — comentei eu.

"Não é, se a gente souber os truques, e eu os sei. Tenho de saber. Não há ninguém comigo, não posso ter empregada, não poderia pagar uma, mesmo que a encontrasse. Mas não se preocupe. Não me estou queixando, gosto disso" — concluiu ela, vigorosamente.

"Há quanto tempo perdeu a perna?" — indaguei.

"Oh! Há uns cinco anos. Bem que eu sabia usá-la, e se ainda a tivesse muito mais me movimentaria."

"Pode sair com essa cadeira de rodas?"

"Claro que sim. Esperava que eu ficasse todo o tempo engaiolada nesta casa?"

"Esta dinâmica nonagenária põe todos nós num chinelo — disse sua neta de vinte e sete anos, acrescentando: "Venho aqui todos os dias só para tomar uma injeção de entusiasmo com a vovó. O meu se esgota muito facilmente."

"Mas nunca chega a sentir-se desencorajada?" — perguntei àquela idosa bola de fogo.

"Desencorajada? Está claro que me sinto."

"E o que faz quando se sente desencorajada" — provoquei.

"Ora, passo por cima. Que mais posso fazer?"

"Muito bem. Essa é a melhor resposta que já ouvi. E esse entusiasmo todo que a senhora mostra? Como o obteve? E, ainda mais importante, como o mantém em ação, com uma só perna, nessa cadeira de rodas, com noventa anos, e tudo mais?"

"Ouça, filho" — disse ela, apontando um dedo para mim (e, acreditem-me, gostei daquele "filho") — "este é o jeito: leio a Bíblia, acredito no que ela diz, e repito sempre isto: 'eu vim para que tenham vida e a tenham em abundância' (João, 10:10). E quer saber de uma coisa? A Bíblia não especifica essa promessa fazendo exceção para quem esteja em cadeira de rodas, tenha uma perna de menos, noventa anos e tudo mais. Promete apenas abundante vida — ponto. Portanto, repito essa promessa para mim mesma, tomo vida abundante, sou feliz e divirto-me."

Grande contraste com um "velho" que me disse, numa voz meio trêmula, que tinha sessenta e nove anos, e mais: "Não deixe que o enganem. Envelhecer é um inferno. É deterioração, dia por dia, simplesmente uma miséria. E eu quase queria que tudo acabasse de uma vez, e depressa. E — continuou ele — "outrora eu era cheio de entusiasmo, como é o senhor hoje."

"Que aconteceu ao seu entusiasmo?" — indaguei.

"Estou velho, e ouça o que lhe digo: não se pode ser velho e ter entusiasmo."

Isso, naturalmente, é uma afirmação dogmática e errônea, baseada em opinião negativa, altamente personalizada. O fato de uma mulher de noventa anos, com uma só perna poder manter-se perpetuamente entusiasta, e um homem de sessenta e nove anos, com as duas pernas, sentir-se de outra forma, não prova a afirmativa didática de que não é possível pertencer ao grupo idoso e, simultaneamente, cultivar o entusiasmo.

Como um homem ficou ligado

Era um dia quente no salão de convenções de um hotel da Costa Leste da Flórida. Eu seria o orador da sessão da manhã de uma convenção nacional, e, do estrado, podia olhar diretamente para a praia onde o mar agitado quebrava-se em vagalhões sobre a areia. Aquela visão da água fria do mar era agradável, já que o ar condicionado não estava funcionando bem naquele dia. Todos tinham tirado o paletó, exceto eu, e isso punha-me longe de me sentir confortável. Resolvi terminar minha palestra e ir para junto do mar, assim que fosse possível.

Mergulhando nas ondas, vim à tona ao lado de um outro nadador. Um cumprimento, como é de uso, e, então, aparentemente sem me reconhecer, o homem perguntou:

"Esteve na convenção esta manhã?"
"Sim, estive" — respondi.
"Então ouviu o Peale falar?"
"Sim, ouvi."

"Bem" — continuou ele. "Que achou daquilo?"

Hesitei em fazer um comentário sobre minha própria palestra; então repeti a pergunta do homem.

"E o senhor, que achou?"

O homem começou a dar sua opinião, e, não estando certo do que poderia ser a avaliação feita, mergulhei numa onda propícia quando ele iniciou sua fala e emergi quando terminou de falar. Disse-lhe, então:

"Ouça, meu amigo, é melhor esclarecê-lo: eu sou Peale."

Então, foi ele quem mergulhou numa onda! Nunca cheguei a saber qual fora a sua opinião. Rimos ambos, e, depois de um bom exercício de natação, sentamo-nos na areia e conversamos um bocado.

"O senhor falou sobre entusiasmo, na convenção — disse ele — e essa é uma qualidade muito importante que alguém pode ter. O difícil é que eu me aqueço quando há um projeto novo, mas logo depois o entusiasmo começa a arrefecer. Ao que parece, não consigo agarrar-me a ele, mantendo-me motivado. Acredito, realmente, que poderia ser promovido em nossa companhia, se não me apalermasse com tanta freqüência. Que acha que está errado com um sujeito que tem conhecimentos e experiência e simplesmente perde o entusiasmo?"

Essa era uma pergunta indicadora de um problema comum. E ele continuou:

"Se tem algum tempo, que tal dar-me algumas sugestões práticas para que eu fique ligado e assim me mantenha?"

O homem parecia genuinamente preocupado; então sugeri à sua consideração os seguintes pensamentos:

1. O segredo da modificação da personalidade de alguém, seja qual for o problema, é pensar em novas categorias. Isso pode significar uma reeducação do padrão de pensamento, de forma que o entusiasmo seja colocado na mais alta das categorias. Para modificar a rotina do entusiasmar-se, para logo depois ver esse entusiasmo reduzir-se, é preciso pensar em termos de renovação, reabastecimento e revigoração. Com o tempo, a mente aceita o conceito do suprimento jamais diminuído, e esse uso do princípio positivo levará à perpetuação do entusiasmo.

2. Comece, imediatamente, a prática mental de ver-se como pessoa completamente diferente, um indivíduo inteiramente novo. Essa nova pessoa jamais será variável ou mercurial, mas constantemente a mesma, sempre vital, vigorosa, animada. Aquilo que constantemente visualizamos emerge como fato.

3. Empregue a terapia da palavra criativa. Isso significa transformar defeitos da personalidade usando palavras corretivas. Uma pessoa tomada de tensão, por exemplo, pode articular, digamos, palavras tais como "serenidade", "imperturbabilidade", "tranqüilidade". A repetida pronúncia de palavras tende a induzir o conceito para o qual tais palavras são símbolos. Assim, para fazer subir o entusiasmo, disponha de alguns minutos todos os dias e diga em voz alta palavras como "excitante", "dinâmico", "maravilhoso", "fabuloso", "formidável". Admito que a idéia possa parecer meio melosa, mas, apesar disso, é um fato que a mente inconsciente acaba por aceitar sugestões repetidoras, fortemente afirmadas.

4. Descrevi, finalmente, como me ajudava a manter meu próprio entusiasmo em alto nível a prática matinal, diária, de

uma particular afirmação de entusiasmo. É uma sentença que levou não poucas pessoas desanimadas a se tornarem constantemente abastecidas com a força do entusiasmo: "Este é o dia que fez o Senhor: regozijemo-nos e alegremo-nos nele" (Salmos, 118:24).

Ao que pareceu, meu companheiro de natação considerou que essas sugestões tinham valor prático, porque mais tarde veio a contar-me que "realmente pus em ação a fórmula para o entusiasmo, e com incríveis resultados".

Não disse quais foram esses resultados, mas que foram eficazes ficou provado pelo entusiasmo com que falou deles.

Velhice e Entusiasmo

Este livro pode ser lido por pessoas que acumularam alguns anos, e para elas, como para todos nós, o entusiasmo é importante. Quero me referir ao princípios positivos operacionais nessa área (e terei algo mais a dizer sobre o assunto no capítulo 12). Gosto da posição de Russell A. Kemp, que em seu livro "Live Youthfully Now" (Viva juvenilmente agora) diz: "O tempo não tem o poder de me envelhecer. Não vivemos pelo tempo — declara ele — mas pela força de vida de Deus, interna, criativa e recriativa. Essa força de vida não é regulada pelo sistema humano de tempo, que é medida cronológica, arbitrária, feita pelo homem. Com Deus, 'mil anos a teus olhos são como o dia de ontem que passou. E como uma vigília noturna' " (Salmos, 90:4).

É verdade que em toda nossa vida estamos condicionados para aceitar que o vigor físico e mental deve declinar depois que fizemos, digamos, sessenta, setenta, ou oitenta voltas em torno do sol, ou sobre um globo giratório chamado Terra. Ouvi um homem dizer, certa noite, quando estávamos sentados junto à lareira, em sua casa, ouvindo o tique-taque romântico de um velho relógio Seth Thomas: "Esse relógio vai levando minha vida em seu tique-taque." Mas não existe instrumento fabricado há mais de cem anos que possa determinar a qualidade da vida, seja de quem for. Não há mecanismo medidor do tempo que leve uma pessoa a dizer, um dia: "Agora, estou velho e o fim está próximo."

A velhice pode, talvez, ser mais adequadamente encarada como um estado de espírito, no qual certas atitudes mentais, construídas por pensamentos costumeiros e tradicionais, na mente consciente como na inconsciente, convencem-nos de que a força da vida está declinando e que, portanto, devemos pensar como velhos, agir como velhos e, realmente, envelhecer. Aquela fascinante descrição que a Bíblia faz da velhice nada diz sobre a medida do tempo em termos de minutos, dias, semanas, ou anos, mas refere-se, antes, a atitudes mentais que se deterioram. "Eles terão medo, também, dos lugares altos" (isto é, quando perderam o entusiasmo, ou quando o princípio positivo se abater) "e temerão no caminho..." (Eclesiastes, 12:5).

É realmente possível que pessoas de todas as idades — da chamada velhice bem como as de menores e mais jovens anos — possam viver melhor, mais saudáveis, mais felizes, se souberem ligar-se ao entusiasmo auto-repetidor. A fonte verdadeira da juventude não está para ser descoberta por algum Ponce de Leon (1) em busca de uma ilha mágica, mas, antes pelas atitudes revitalizadas da mente. E isso, certamente, está presente no pensamento dinâmico de que podemos viver juvenilmente, agora e sempre. Jamais esqueci algo que me foi dito pelo falecido Diretor do Correio, James A. Farley. Perguntei-lhe como explicava o muito leve efeito da passagem do tempo sobre a sua pessoa. Sua resposta foi clássica: "Nunca penso pensamentos velhos."

Vivamos juvenilmente, agora

"Se a maioria entre nós rende-se à passagem dos anos — diz o Sr. Kemp — e deixa que eles nos façam velhos, sendo certo que outros desafiam a passagem de um número ainda maior de anos, retendo o vigor e a alegria de viver uma vida associada à juventude, é possível que tenhamos, nós próprios, a culpa por envelhecer? O efeito dos anos que passam, sobre o nosso corpo, é, realmente, um caso individual? Aqui está o que alguns cientistas, médicos modernos, têm a dizer sobre esse ponto:

"Depois de uma conferência de especialistas médicos e cirurgiões, na Clínica Decourcy de Cincinnati, há alguns anos, a seguinte informação foi dada: 'O tempo não é tóxico. Todos

(1) Ponce de Leon (Juan) — Conquistador e explorador espanhol (1460-1521) que dizem ter, entre suas muitas andanças marítimas, tentado encontrar a fonte da eterna juventude. (N. T.)

os que adquirem a neurose do tempo aceitam a superstição prevalecente de que o tempo é, de certa forma, um veneno que exerce misteriosa ação cumulativa... o tempo não tem efeito sobre os tecidos humanos, sob nenhuma condição... o vigor não se modifica, necessária e adversamente, com a idade de um adulto. A crença nos efeitos do tempo pelos que aceitam tal idéia é que atua como veneno.'

"Para dizer de outra maneira: não há base científica para acreditar, como acontece com a maioria de nós, que a passagem dos anos envelheça automaticamente o nosso corpo. (E, presumivelmente, isso é válido também para o espírito e a mente.) 'É a ignorância da verdade sobre a passagem do tempo — continua a comunicação — que nos leva a encolher-nos, apavorados, diante do acúmulo de anos. Não precisamos render-nos à idade, se o nosso espírito for suficientemente esclarecido."

O Sr. Kemp continua dizendo-nos que um médico de Michigan, Frederick C. Swartz, desmascarou as chamadas doenças da idade. "A mente desmemoriada, o andar vacilante, as mãos trêmulas — são causadas por falta de exercício mental e físico e não pela passagem do tempo. Não há doenças causadas pela mera passagem do tempo. Nossa atual concepção do processo de envelhecimento deve ser destruída e os nossos idosos que já sofreram lavagem cerebral devem ser advertidos quanto à natureza de seus males. Exercícios diários, físicos e mentais, praticados com certo grau de autodisciplina, devem aumentar a cifra de expectativa de vida em dez anos, numa geração."

O Dr. Swartz falou no conceito fatal de que as fraquezas chegam com a idade, e de que aos sessenta e cinco anos já se está "descendo a montanha". Quando é aceita, essa idéia condena a pessoa a um período de estreitamento do horizonte, até que as faíscas finais de vida sejam as preocupações psiconeuróticas com o que acontece em seu próprio corpo.

A chave do entusiasmo para contínua juventude

Fica-se a cogitar se uma pessoa jovem e entusiasta, que assim se manteve em toda a sua vida, poderia restringir e retardar o processo de envelhecimento.

Um filósofo talvez tenha falado com sensata intuição quando disse: "O segredo do gênio é levar o espírito da criança para a velhice." As crianças são entusiastas por natureza e a pessoa eficiente mantém, retém esse espírito através da existência. Conforme disse Wordsworth: "Nuvens de glória esvoaçantes... vimos de Deus, que é o nosso lar." A criança permanece dinâmica, animada, interessada, alerta — até que um conceito negativo de tempo comece seu trabalho letal. E a sediça chamada sofisticação do nosso tempo aceita o seu tributo, até que se possa dizer, como expressou o poeta tão vividamente:

> "A juventude, que, a cada dia mais distante do oriente
> Deve seguir, ainda é sacerdotisa da Natureza,
> E pela visão esplêndida
> É atendida em seu caminho;
> Finalmente o homem a vê desaparecer,
> E apagar-se na luz comum do dia."

Realmente, pode ser que o mais triste fenômeno no decorrer da vida de qualquer pessoa esteja na deterioração do entusiasmo. Esse triste processo, entretanto, não precisa ocorrer se o pensamento criativo e positivo se tornar uma prática sólida. E, se a mente não foi disciplinada para aquelas práticas propícias à manutenção do entusiasmo, sempre é possível, a qualquer tempo, começar o seu cultivo. Inevitavelmente, com essa recomposição virá um poderoso renascimento, ou rejuvenescimento da força da personalidade, e — quem sabe? — talvez também da força física!

Os métodos para desenvolver um entusiasmo auto-repetidor não decorrerão facilmente, talvez, mas também não são assim tão difíceis.

Um caso ilustrativo é o do redator de publicidade que se queixava de ter ficado estagnado em seu trabalho. Seus originais estavam longos demais e deles não fluía pensamento ou expressão. Eram empolados e careciam do poder de comunicação.

"E comunicação é o meu negócio" — concluiu ele, deprimido. A razão que dava para tudo aquilo era ter perdido o entusiasmo. Nada mais parecia ativá-lo ou motivá-lo. A base escapara ao seu espírito.

"É muito mau" — comentava ele, ironicamente — "que não se possa ir à farmacia da esquina e comprar uma garrafa de elixir de entusiasmo."

Remédio, mas não em garrafa

"Mas há um tratamento" — lembrei-lhe eu. "O remédio para isso não está numa garrafa, mas é um conceito em sua mente. E renovar a ação do entusiasmo não é um procedimento complexo. Tudo quanto precisa é começar a agir entusiasticamente e continuar a agir assim até que, com o tempo, você se torne entusiasta."

Chamei-lhe a atenção, a seguir, para o famoso princípio expresso pelo Professor William James, considerado por alguns como o pai da ciência psicológica, e que ele descreve como o princípio "se". Isso significa, simplesmente, que, agindo como gostaríamos de agir, no devido tempo seremos tais como agimos. Se somos timoratos, é agir como se tivéssemos coragem. Continuemos a agir corajosamente e, finalmente, nosso temor diminuirá, na medida em que crescer a coragem. Se formos inclinados a criticar, comecemos a agir generosamente, dando a melhor conotação a tudo e a todos, e nos tornaremos menos críticos e mais compassivos.

O princípio opera de forma similar na questão do aumento de entusiasmo. Comecemos a agir entusiasticamente. Ao primeiro esforço isso poderá parecer ineficaz e mesmo falso ou insincero, considerando que não sentimos entusiasmo. Mas, perseveremos e, surpreendentemente, iremos nos tornando cada vez mais entusiásticos. É a lei do comportamento, descrita como o princípio "como se".

Mas só persuadi pela metade o taciturno e nada entusiasmado redator, porque, ao que pareceu, ele considerou a idéia demasiado simples. Sendo inseguro, sentia que só poderia escorar seu negativismo básico com um sistema intelectual de complexidades. Mais tarde ele assistiu a uma reunião na qual eu me dirigia a uma grande audiência de vendedores sobre o assunto: "Por que pensadores positivos obtêm resultados positivos", e fiz sentir que as realizações vitoriosas são baseadas nestas premissas: 1. Pensamento frio, racional, e não as aquecidas reações emocionais, é que leva à solução dos problemas. 2. Jamais pense negativamente, porque o pensador negativo faz uma coisa muito perigosa. Ele injeta pensamentos negativos no mundo que o rodeia e, assim, ativa negativamente esse mundo. Na base da lei de atração — o semelhante atrai o semelhante — ele tende a atrair para si próprio resultados negativos. 3. Há valor no pensar e agir entusiasticamente.

Como ilustração desse terceiro ponto eu sugeri que cada homem do auditório fizesse do dia seguinte o melhor de sua vida. O método para isso era não ficar na cama, gemendo, resmungando e rosnando, como de costume, enchendo os ouvidos de sua paciente e longamente sofredora esposa com suas dores, desgostos e negativismos. Ao invés disso, que, ao acordar, atirassem fora as cobertas, num gesto de poderosa auto-afirmação, e saltassem da cama, exclamando para sua estupefata mulher: "Doçura, sinto-me maravilhosamente."

Na verdade, pode ser que ela tivesse uma crise cardíaca e morresse ali mesmo! Mas morreria feliz. Então, aquele homem devia cantar sob o chuveiro, enquanto lavasse a mente de todos os pensamentos velhos, fatigantes e letais da véspera, lavando, ao mesmo tempo, o corpo com água e sabão. Depois disso, sentindo-se vivo até a ponta dos dedos, deveria vestir-se, descer para a sala de jantar e sentar-se para o desjejum que a sua esposa, tão considerada e amorosamente, preparara para ele. Devia olhar para a mesa, longa e respeitosamente, e dizer: "Doçura, isto é, sob todos os aspectos, o melhor desjejum diante do qual já me sentei." Isso, naturalmente, iria inspirá-la tanto que no dia seguinte já não seria necessário mentir!

Começar o dia com atitudes entusiastas

Então, tendo posto no estômago um bom desjejum tamanho masculino, deveria sair para o cintilante ar da manhã, e ficar ali, sentindo-se alto, buscando o céu com o alto da cabeça. Devia dar o beijo de despedida à esposa, com entusiasmo, e eu sugiro que chegasse mesmo ao ponto de levantá-la ao colo, dando uma volta com ela. Admito que para alguns isso fosse uma grande luta, mas iria transmitir a ela o entusiasmo.

Então, de pé, no vívido ar da manhã, ele diria: "Doçura, quer saber de uma coisa? Vou para a cidade hoje tratar de mercadorias e serviços (ou vender, ou escrever, ou dirigir) com entusiasmo e o dia vai ser um grande dia em minha vida." Finalmente, reuniria em torno de si sua pequena família e faria uma oração. "Como" — perguntei eu — "esperam ir seja para onde for sem recorrer ao Grande Poder?" Mas, se aquele homem não soubesse rezar, eu sugeriria uma oração muito curta, de forma afirmativa, que, pessoalmente, uso todos os dias e sem a qual de todo não poderia viver. "Este é o dia que fez o Senhor: regozijemo-nos e alegremo-nos nele."

Bem, conforme eu falava, meu nada entusiasta amigo ouvia como se fosse uma esdrúxula espécie de sugestão, aquela que estava sendo feita à audiência, na minha palestra. Depois me confessou que a princípio aquilo lhe parecera forçado e um tanto fingido. Mas, pensando bem, compreendeu que a decisão de ser negativo ou positivo, sombrio ou entusiasta, era tomada pelo pensamento e ação da própria pessoa.

"Acredite ou não" — disse-me ele, um tanto defensivamente — "tentei aquela técnica matinal maluca que recomendou, e quer saber? Já começou a funcionar. Mesmo minha mulher ficou muito impressionada. Diz que estou diferente e muito divertido. Assim, aceito esse princípio do "como se". Estou convencido de que, se demonstrar entusiasmo em minhas ações, o entusiasmo realmente voltará para mim."

"Muito demais" e o entusiasmo se esgota

Algumas pessoas que se metem num padrão agitado de vida, um "muito demais", queixam-se de que aquilo tudo é tão pesado e cheio de exigências que o entusiasmo é arrancado inteiramente delas. Por exemplo, contam-me que algumas esposas parecem ressentir-se da expressão "donas de casa", como sendo algo depreciativo. Queixam-se de que o trabalho doméstico — cozinhar, lavar, fazer limpeza — é servilismo e, realmente, uma forma de escravidão imposta pelo chauvinismo masculino. É evidente que essas tarefas diárias são cansativas, e que com isso nos solidarizamos. Mas mesmo o instinto maternal, o amor e a alegria de cuidar dos filhos parecem tediosos, não para a maioria, naturalmente, mas, ao que parece, para um número bem grande, a julgar pelo que ouço. E tenho ouvido não poucos maridos irritados por trabalhar em casa, depois de voltar de um duro dia de trabalho no escritório, tendo de "consertar isto" e "consertar aquilo". Muitos maridos trabalham entusiasticamente todo o dia, e então, voltando para casa, convertem-se em soturnos negativistas, tornando a vida miserável para suas esposas carregadas de trabalho.

Bem, eu conheço dois casais que representam as duas extremidades do espectro do entusiasmo, e não lhes direi os nomes, pois não gostariam dessa forma de publicidade. Bem estranhamente, cada casal tem mais ou menos a mesma idade, e cada um deles tem quatro filhos, o último ainda um bebê. A um dos casais queixosos eu indaguei:

"Como foi que tiveram quatro filhos se eles os atrapalham tanto? O que desejam — sair para dançar e divertir-se todas as noites? Que é feito da responsabilidade e da maturidade? Por que toda essa coisa de *playboys?*"

Eu sabia que aquele jovem casal tinha qualidades de caráter. Acontecia que, àquela altura, elas ainda não se haviam manifestado.

"Oh! tudo isso é tão estupidamente monótono" — foi a resposta. "Nada mais a não ser trabalho, trabalho, trabalho, e barulho e mais barulho. Não temos o direito de viver nossas próprias vidas?"

"Mas onde está o seu entusiasmo pela maravilhosa e animadora possibilidade de serem pais e terem uma belíssima vida de família com seus quatro meninos crescendo? Pensem nisso — quatro dos mais interessantes caracteres do mundo, quatro meninos vivos, saudáveis e vigorosos."

"Está bem, diga o que quiser, mas estamos agüentando mais do que podemos."

Assim terminou uma expressão de futilidade em sua desgraçada definição.

O segundo casal? Bem, encontrei-o recentemente num restaurante. Papai, ao que parecia, tinha levado mamãe para jantar fora e ambos estavam gozando aquilo, mas era óbvio que não queriam demorar para a volta à casa e àqueles formidáveis quatro filhos.

"Bill e eu passamos horas tão animadas com os nossos quatro meninos! Cada um deles é diferente do outro e tão maravilhosamente interessantes como personalidades. O Senhor foi muito bom para nós, não é mesmo?"

"Vamos, Jane, acabe com essa *mousse* de chocolate e voltemos para casa. Eu prometi contar aos meninos a história do aeroplano mágico."

Esperemos que o primeiro casal consiga ligar-se com entusiasmo pela casa e pela família, antes que seja tarde demais e os rapazes tenham deixado o lar emocionalmente prejudicados. E esperemos que o segundo casal jamais perca a alta capacidade de viver vitoriosamente — de manter o entusiasmo em ação.

Cansaço e Entusiasmo

Encaremos o fato. Ficar cansado e desgastado por exigências irrecusáveis exerce um forte arrefecimento no entusiasmo de todos nós. A solução é mesclar interesses num padrão criativo de vida. No caso do segundo casal, ambos são ativos em trabalho da igreja. O marido é membro da junta de diáconos e a esposa é superintendente do departamento de principiantes. Ela dirige também, uma vez por mês, um clube feminino e ele joga bocha a cada duas semanas. E de vez em quando vão jogar golfe juntos. Fazem parte de um grupo de casais que têm filhos e que se reúnem, de quando em quando, em suas respectivas casas.

"Algum dia" — disse Jane — "hei de ter uma segunda carreira, mas, por enquanto, meus filhos são minha carreira. E, só para esclarecê-lo, caso você esteja pensando nisso — sim, eu me sinto liberta e muito criativa."

O outro casal, isto é, as duas pessoas que pareciam ter perdido o entusiasmo, elas aparentemente conseguiram, ainda assim, enfrentar as contínuas exigências da vida de família, pois tinham um padrão de valores que se colocava antes dos compromisos sociais. O problema deles, como se podia observar, era, antes de mais nada, o de prioridade. Não tendo organizado um sistema equilibrado de atividades, que desse às funções paternais seu devido relacionamento com os outros aspectos da vida, tendiam a reagir com ressentimento.

Uma nova ligação com o entusiasmo poderia ajudar numa nova composição compreensiva de atividades interessantes, coisa que pessoas bem organizadas sabem fazer. Na verdade, a própria organização contribui para o desenvolvimento do entusiasmo e a sua falta redunda numa atitude de exaustão que acaba com o entusiasmo. Não é tão simples assim ser abafado pelo cansaço e ao mesmo tempo manter-se forte e entusiasta. Mas, quando alguém procura fazer exatamente isso, seja ou não duro, o resultado é uma diminuição do cansaço. Entusiasmo, num sentido profundo e sólido, é um produtor de energia, e, ao invés de reduzir a vitalidade, tende a acentuá-la, devido ao estímulo mental e emocional que lhe dá.

Golpes rudes, surgindo um após outro, podem, é bem compreensível, reduzir a possibilidade de viver entusiasticamente, pelo menos durante essa temporada, e se uma pessoa reage dessa maneira tem direito a uma apreciação solidária de seu problema. Ainda assim, a aplicação de um entusiasmo sólido e normal, a despeito das difíceis experiências, pode fazer muito para anular efeitos desagradáveis e ajudar uma pessoa, realmente, a erguer-se acima dos golpes sofridos.

A capacidade de enfrentar com um sorriso a adversidade e o fracasso, o desgosto e o infortúnio, e jamais perder o entusiasmo, antes prosseguir com ele em alto nível, é uma das mais estimulantes demonstrações do princípio positivo. Mas as pessoas que fazem isso com sucesso e atravessam o mau período dirigindo-se para novas realizações são as que têm algo dentro de si, algo chamado fé, confiança, crença. Aprendem como enfrentar os contratempos com o coração forte. Jamais entram em pânico, mas estão sempre pensando e estudando respostas e soluções. Para elas, o fracasso não passa de um incidente numa vida motivada para o sucesso. Um incidente do qual extraem conhecimentos, experiência e resistência aumentada. Porque, quando sofremos um revés e o ultrapassamos, sempre emergimos mais fortes do que antes. O que se segue pode ser um pouco sombrio como ilustração, mas é exato: os índios americanos acreditavam que quando um valente escalpava o inimigo, a força daquele guerreiro passava para ele. Muitos escalpos de inimigos significavam mais vigor para o vitorioso. Pode ser que quantos grandes golpes consigamos vencer, mais fortes seremos dali por diante.

Pessoas que possuem o entusiasmo da variedade auto-repetidora têm uma incalculável vantagem consigo, vantagem que compensa as deficiências de que possam sofrer. Algumas, por exemplo, podem ser carentes de instrução, mas têm um entusiasmo vital constantemente renovado, ignoram os obstáculos, vão para a frente e fazem excelente trabalho. Como na história do "Novo Vendedor", que alguém me deu, não há muito tempo:

> Um vendedor novo escreveu seu primeiro relatório para o escritório central e o chefe sentiu-se estupefato ao verificar que a "nova esperança" era um rematado analfabeto. Ele escrevera: "Fui naquele pessoar que nunca comprou um níquer da gente e vendi preles dois mil dólar de mercadoria. To indo pra Chicago agora."

Antes que o analfabeto pudesse levar a sacudida do gerente, chegou outro relatório:

> "To aqui e já vendi meio milhão."

Temeroso de despedir e temeroso de não despedir aquele "mascate", o gerente de vendas atirou o problema para o presidente da companhia. Na manhã seguinte, membros da Torre de Marfim ficaram pasmados ao ver os dois relatórios fixados no painel dos avisos e, pregada acima deles, esta carta do presidente:

> "Tamo perdendo tempo com ortografia inveiz de vendê. Vamo mostrá prêles!
> Quero todo mundo lendo as carta do Cooch, que tá andando e fazendo um bruto negócio pra nóis. Que vão lá pra fora e fasam como ele faiz!"

As coisas são formidáveis-formidáveis

W. Clement Stone, industrial e filantropo de Chicago, começou a carreira da sua vida aos seis anos de idade, vendendo jornais em *South Side*. Com forte determinação e pensamento positivo, tornou-se um dos maiores vendedores deste país. Quanto mais dinheiro ganhava (e muitíssimo ganhou) mais dava para ajudar crianças pobres, meninos e meninas, para reabilitar prisioneiros, para o avanço de saúde mental, para fortalecer a religião, as artes e as ciências. Realmente, o falecido Dr. Arnaud C. Marts, um dos maiores levantadores de fundos para fins humanitários da América, disse: "Clem Stone é um dos homens mais generosos que já conheci."

O Sr. Stone supera-se, às vezes, dando tanto que chega ao risco de prejudicar seus recursos, e ele, como todos os negociantes, sofre altos e baixos econômicos. Mas sempre se refaz, porque é o tipo do homem que sabe refazer-se.

Nunca, em todas as vicissitudes, tanto da sua vida pessoal como nos negócios, soube que ele mostrasse um momento de entusiasmo abatido. Sempre que lhe telefonei para lhe perguntar como estavam, ele e as coisas, foi com voz firme e espírito forte que respondeu, de maneira muito viva: "Formidável, absolutamente formidável!" Será bravata ou uma negação superficial dos contratempos? Nada disso. Porque aquele homem conhece o jogo. É consciente das dificuldades, realisticamente consciente. Mas a diferença entre o Sr. Stone e alguns outros é interessante. O Sr. Stone gosta do sucesso pelo prazer de obter esse sucesso, de dominar dificuldades. Para ele, o dinheiro resultante é considerado como um instrumento para fazer o bem, melhorar o nível de vida e motivar outros para os potenciais inerentes, dentro de si próprios. Seu entusiasmo é baseado no ardente desejo de estimular outros para que se movam para cima, sempre para cima.

O resultado é que, tanto nos dias escuros como nos dias ensolarados, sua reação é sempre a mesma — formidável, formidável. Ligara-se ao entusiasmo quando era um esfarrapado moleque das ruas, vendendo jornais, e, numa carreira em que se deparou com bloqueio atrás de bloqueio, manteve, desde então, a continuidade do entusiasmo. Seu método para isso, conforme eu o estudei, é jamais reagir emocionalmente, ao que acontece, mas procurar e encontrar, em qualquer circunstância, o que há de bom, porque, seguramente, algo de bom deve ali existir. Ele acredita que para cada desvantagem há uma vantagem correspondente. Com essa desapaixonada atitude de frio, concreto pensamento, sua proporção de sucessos contra a dos fracassos é notável. E a capacidade de nunca permitir que um contratempo reduza seu entusiasmo mantém esse homem agindo, sempre agindo, tanto através de mar encapelado como de águas tranqüilas. É notável exemplo do princípio positivo em ação.

"Ele fez a minha ligação"

Num avião sentei-me ao lado de um moço, animada e interessante pessoa. Disse-me que tinha sido um garoto inclinado às drogas e andava sempre negaceando a polícia. Então, foi induzido a ler um livro do Sr. Stone ("O Sistema de Sucesso que Nunca Falha"). Pela primeira vez em sua vida confusa, aquele rapaz teve um raio de esperança no sentido de que se poderia tornar, conforme a sua expressão, "alguém".

"Aquele livro ligou-me e eu pretendo manter-me ligado" — disse ele, com uma voz cujo ligeiro tremor revelava emoção. "Penso que obtive entusiasmo para continuar assim, a despeito dos rudes abalos que possa encontrar pela frente."

Experiência pessoal de entusiasmo

Tenho meu próprio método para me ligar ao entusiasmo auto-repetidor, e esse processo tem funcionado bem em minha experiência. Na verdade, estou certo de que tenho entusiasmo maior agora do que em qualquer época anterior, e, realmente, ele tende a crescer em profundidade e qualidade. Quando rapaz, eu ficava tremendamente entusiasmado, mas os conflitos íntimos, pessoais, às vezes apagavam aquele brilho. Felizmente, isso já não parece ser um problema, porque, tendo solucionado aqueles conflitos, pouco resta para interferir com o livre fluxo na motivação entusiástica.

Isso não quer dizer que os problemas não existem. Há, de fato, muitos deles, mas aprendi finalmente a me opor a essas dificuldades com positiva segurança, tratando com eles e tendo sucesso. Naturalmente, eu tenho meus momentos "para baixo", mas não tantos como outrora nem tão duráveis como foram. Isso, é óbvio, não representa perfeição de minha parte. Tudo quanto representa — e, acreditem-me, isso é muito — vem da graça de Deus que me levou a encontrar a resposta, finalmente, para viver uma existência feliz, estimulante e vitoriosa, tendo como resultado o fato de haver eu aprendido um jeito de estar ligado ao entusiasmo auto-repetidor. Deixem-me, pois, dizer-lhes como tal coisa me aconteceu, seja o que for que isso possa valer para os leitores.

Em 1932 eu me tornei ministro da *Marble Collegiate Church,* na Quinta Avenida, em Nova Iorque. Durante cinco anos eu chefiara, com sucesso, uma igreja de Siracusa, onde tudo corria calmamente, de fato muito bem, e eu próprio vivia carregado de entusiasmo ilimitado. Então, recebi um chamado daquela famosa igreja. Mas as coisas nem sempre são o que parecem e depressa compreendi que aquela igreja tinha problemas. De fato, a congregação fora diminuindo, e havia nessa ocasião apenas duzentas pessoas. Aos domingos a grande igreja mostrava-se quase vazia. Era a época da Grande Depressão do início da década de 30 e os dólares mostravam-se escassos. Em Siracusa, as coisas andavam bem, mas não se poderia dizer o mesmo, certamente, dessa nova responsabilidade.

Como seria natural, dei ao trabalho tudo quanto possuía em pensamento, energia, orações — de fato tudo quanto é necessário para fazer as coisas andarem, mas as coisas absolutamente não andavam, ou, no máximo, moviam-se lentamente. A cada domingo eu olhava as filas de assentos vazios, os grandes balcões sem ninguém, e de segunda a sabado ficava a cogitar a respeito de onde iria buscar dinheiro para saldar as contas.

Depois de alguns meses minha energia começou a enfraquecer. Comecei a me sentir mentalmente desencorajado e o entusiasmo natural que me havia conservado acima de muitos obstáculos foi desaparecendo. Tive de confessar, finalmente, que estava batido. Nunca cheguei ao ponto de deixar o posto, mas já não podia cair mais e, realmente, cheguei ao fundo. Então, aprendi uma verdade fabulosa, um fator básico para o princípio positivo: que o fundo é, realmente, uma grande lugar. Porque, ao chegarmos ao fundo descemos tudo quanto podíamos descer. A única direção, a partir dali, é para cima.

Saindo para as férias e na esperança de uma nova perspectiva, minha mulher e eu fomos para *Lake District,* ao norte da Inglaterra. Ali eu andei desanimado, enchendo os ouvidos de minha pobre esposa com negativismo, até que ela acabou por não agüentar mais. Levou-me, então, para um banco afastado no bonito jardim do hotel. E começou a declarar que eu estava me mostrando consideravelmente menos que um homem, consentindo em que os problemas me derrubassem — e como tinha eu a audácia de advogar uma vitoriosa forma de vida e ao mesmo tempo sentir-me derrotado?

E então informou-me — e é uma senhora delicada, mas sabe ser bem dura — que eu iria ficar naquele banco até que tivesse "posto minha vida e todos os seus problemas a cargo de Deus". Embora eu fosse, oficialmente, o seu pastor, bem como seu marido, ela assumia o papel de meu pastor. E, acreditem-me, sabia lidar com um caso como o meu. Disse-me o que e como fazer.

Finalmente, sob sua direção, fiz uma simples prece. Algo assim: "Querido Senhor, não posso arranjar minha vida. Meus problemas me consumiram. Preciso de ajuda. Assim, entrego-lhe a minha vida, aqui e agora".

Isso produziu estranho e notável efeito. Todos os pensamentos sombrios pareceram deixar logo a minha mente. Extraordinária sensação de paz envolveu-me. Eu sabia, agora, e com certeza, que Deus e eu, juntos, poderíamos governar aquela igreja. Parecia-me caminhar sobre nuvens. E o velho entusiasmo, o velho estímulo voltaram! Planos e idéias inovadoras bombardeavam-me a mente e eu mal podia esperar o retorno à casa para levá-los à ação.

Posso dizer, honestamente, que desde aquela experiência num banco de jardim inglês, até o presente momento, tenho estado em ligação com o entusiasmo auto-repetidor. Ruth e eu voltamos várias vezes a nos sentar naquele banco. Não que fosse necessário fazer novas visitas. É só uma espécie de peregrinação a um lugar onde algo inesquecível aconteceu. Procurem seus bancos em algum lugar... mas busquem ligar-se.

E esse é um segredo vital para sucesso na existência — ligar-se ao entusiasmo auto-repetidor, entusiasmo de profundidade. E manter em ação o princípio positivo.

Recapitulemos os métodos para manter o entusiasmo operando em alto nível, sugeridos neste capítulo:

1. Estudar a fonte do entusiasmo da senhora de noventa anos, sem uma perna, que aceitou, como um fato, a promessa de vida abundante.
2. Não nos vermos como velhos ou envelhecendo, como quem já se acabou porque o tempo já passou, mesmo que se trate de muito tempo.
3. Vivamos juvenilmente agora — e sempre.
4. Nunca esquecer que todo o entusiasmo de que necessitamos está em nossa mente. Deixemo-lo sair — deixemo-lo viver — deixemos que ele nos dê motivação.
5. Pratiquemos o entusiasmo do pensamento — pratiquemos ligar nosso pensamento ao entusiasmo.
6. Ajamos como se tivéssemos entusiasmo. Acreditemos possuí-lo e seremos entusiastas.
7. Nunca deixemos que pensamentos pesados arrefeçam nosso entusiasmo. Mantenhamos o princípio positivo em ação e nada jamais será demasiado para nós.
8. Amparemo-nos contra os dolorosos efeitos de duros golpes mantendo forte entusiasmo, mesmo que isso exija luta.
9. Tomemos sempre a atitude que diz podermos fazer as coisas serem *formidáveis, formidáveis* — sejam quais forem os fatores adversos. A atitude "formidável — formidável", pode anular esses fatores.
10. Afirmemos o entusiasmo — afirmemos, afirmemos, afirmemos.

QUINTA MANEIRA DE MANTER A CONTINUIDADE DO PRINCÍPIO POSITIVO

Abandone pensamentos velhos, cansados e sombrios e torne-se alerta

Véspera de Ano Novo em Roma! Algo real e totalmente desigual de qualquer coisa que tivéssemos visto antes. na qualidade de antigos residentes da cidade de Nova Iorque, que pode celebrar de maneira notável o acontecimento que for, nada do que minha mulher e eu tínhamos testemunhado em nossa terra poderia, remotamente, comparar-se com o que se observa na passagem do ano na Cidade Eterna.

Tudo começou ao meio-dia de 31 de dezembro, com o estampido dos rojões, um crescendo cada vez maior de matracas. Por toda a parte grandes reverberações. Quando a noite chegou, holofotes percorriam o céu até que, com as batidas da meia-noite, a loucura começou, canhoneio vindo de todos os bairros, acentuando o enorme concerto de sons, expandindo-o e expandindo-o. Ao olharmos da janela para a cúpula de São Pedro, com os holofotes saltando sobre ela, tínhamos a impressão de que um imenso exército estava atacando a cidade. (E o gerente do hotel disse-nos que nos havia dado um quarto tranqüilo!)

Mas isso não era tudo. Os romanos parecem pensar que a véspera do Ano Novo é a época apropriada para se livrarem do velho e receberem o novo, não simbolicamente, mas na prática, e atiram pelas janelas todas as coisas velhas, como roupas, louça rachada, cadeiras rebentadas. Nossos amigos romanos nos avisaram de que ficássemos no hotel a fim de evitar a possibilidade de recebermos sobre nossas cabeças algum velho aparelho de televisão ou qualquer outra coisa igualmente devastadora.

A idéia é sensata, não só para uma véspera de Ano Novo, mas para todos os dias, e o descarte de coisas velhas pode ir além dos objetos inúteis, passando ao de todos os pensamentos velhos, cansados e sombrios. Todas as noites, antes de nos recolhermos, o ritual de esvaziamento da mente, livrando-a de tais pensamentos, irá colocá-la em bom estado de ação para o dia seguinte. Assim, todas as noites, deliberadamente, descartemo-nos desses pensamentos velhos, cansados e sombrios, e tornemo-nos alertas.

Lição dada por um alfaiate

Há alguns anos, em Brooklyn, eu tinha um bom amigo que era também meu alfaiate. Quando o Sr. S. Pearson fazia um terno, dava, igualmente, suas instruções para mantê-lo em boa forma.

"Toda noite — dizia ele — tire tudo dos bolsos para que eles não fiquem estufados."

Mostrava, então, como pendurar as calças com a parte mais baixa de uma perna dobrada sobre a outra, no cabide, de forma que ambas as pernas ficassem suspensas, evitando as dobras.

Como a maioria dos homens, eu levava comigo uma carteira, um cartão de crédito, chaves, lápis e caneta. Levava, também, uma pequenina tesoura, a fim de recortar artigos interessantes. Meus bolsos constituíam um sistema de arquivo para toda a sorte de anotações e lembretes acumulados durante o dia e até em dias anteriores. O programa de esvaziamento dos bolsos estimulou o processo de consolidação e conservação daqueles lembretes em um lugar. E que prazer, o de verificar os que já tinham sido atendidos e depois atirá-los, um a um, à cesta dos papéis. Eu colocava sobre a cômoda, com as chaves e as demais coisas, as notas referentes ao que devia ser tratado no dia seguinte. A massa dos lembretes reduziu-se, dessa maneira, a um número bem organizado e manejável, ajudando-me a ir para a cama com a mente em paz e um sentimento bem pequenino de culpa em razão de coisas que não tinham sido feitas.

Depois de realizar esse ritual de esvaziamento durante algumas semanas, e de ter sentido o alívio de tratar anotações e lembretes com eficiência, veio-me a idéia de empregar o mesmo processo com os pensamentos que acumulamos, com as atitudes desgastadas, com as impressões sombrias, os remorsos, os desencorajamentos, coisas com as quais a mente fica repleta. Assim resolvendo, comecei a trazer para fora e a fazer algo com todos os pensamentos velhos, cansados e sombrios, e a vizualizá-los, conscienciosamente, como se estivessem saindo do campo da consciência, algo assim como se os visse fluir para fora, por um encanamento. Afirmei: "Esses pensamentos estão fluindo agora para fora de minha mente — para fora de minha mente. Estão se afastando de mim — afastando, afastando, neste mesmo momento se afastam."

Seguindo essa afirmação empreguei a sugestão feita por M. R. Kopmeyer, em um de seus livros, relativa ao adormecer rápido, produzido ao se "ver" um denso nevoeiro girando e espalhando-se através da percepção, apagando tudo, complemente. Descobri que se podia induzir o sono muito mais depressa através desse processo. Pensamentos que de outra forma poderiam ter agitado a mente perderam-se na pesada e fofa obscuridade daquele nevoeiro impenetrável que estabeleceu barreira eficaz entre a mente e o mundo em atividade. O resultado foi um sono completo e repousante, do qual acordei com uma sensação infinita de vida nova. Esse programa ajudou a reativar a energia e a vitalidade necessárias para cada um dos dias que se sucederam. Tornou-se, para mim, um método exeqüível, por meio do qual a inspiração é mantida.

Ele fez um trabalho com seus pensamentos

Um homem contou-me que estava tendo muito trabalho consigo mesmo.

"O senhor não é o único" — refleti eu, pensando nas muitas cartas que recebo de pessoas que solicitam ajuda para seus problemas. E também pensando em mim mesmo, porque devo confessar que a pessoa que mais me tem dado trabalho, através dos anos, é Norman Vincent Peale. E muitas pessoas confessarão o mesmo, creio eu, se disserem a inteira verdade a respeito de si próprias. Se somos nosso próprio maior problema, a razão básica deve ser encontrada nos tipos de pensamentos que habitualmente ocupam e dirigem nossa mente.

Pelo menos era essa a conclusão a que tinha chegado o homem acima referido. Tratava-se de pessoa genuinamente desejosa de fazer trabalho construtivo; e que estudara para aperfeiçoar seu desempenho profissional, atendendo a seminários e a reuniões motivadoras de vendas. Era, também, um ávido leitor de livros inspiradores e de auto-auxílio. Vim a conhecê-lo quando me escreveu depois de ter lido "O Poder do Pensamento Positivo". Um estudante sincero que, realmente, trabalhava para levar à prática os princípios do livro.

Assim, conseguia, de cada vez, tornar-se inspirado e tomar nova e forte motivação. Mas, ao que parece, não conseguia manter essa inspiração além de um certo limite de tempo. Havia, então, um retrocesso gradual. A inspiração começava a declinar, o entusiasmo morria, a energia diminuía, a motivação afrouxava. Esse processo de construção e declínio motivador repetia-se muitas e muitas vezes. Ele parecia não ter a capacidade de conservar uma atitude mental positiva sem que o padrão inverso aparecesse. Quando entusiasticamente motivado, podia vender com muita eficiência e subia mais um ponto nas oportunidades de sua organização. Mas quando um declínio do espírito o atacava, o declínio no desempenho das vendas entrava na proporção direta da queda de sua vibração mental e de seu espírito.

Essa reação de altos e baixos era perturbadora, naturalmente, e ele escreveu-me, de certa forma extensamente, descrevendo a natureza mercurial de suas reações. Sugeri que procurasse um curso de aconselhamento psicológico. Minha opinião pessoal era a de que o problema estava em seu sistema de equilíbrio intelectivo-emocional. Mas ele vivia a uns 3 000 km de distância, e, então, sugeri que buscasse auxílio em seu próprio local, o que fez com bom resultado.

Respondendo à sua carta, contribui, inconscientemente, ao que parece, com um pensamento que pode ter dado a volta à maré de sua vida. Algures, há muito tempo, li uma citação, cuja fonte jamais cheguei a conhecer, que dizia: "a História gira sobre pequenos gonzos". Da mesma maneira, podemos pensar que a história de uma vida pessoal pode girar sobre uma sugestão improvisada. Em minha mensagem para aquele homem citei um trecho da Bíblia: "Renovai-vos, pois, no espírito do vosso entendimento." Essa sugestão foi feita pelo fato de que o "declinar" muitas vezes tem origem nas atitudes, antes de se tornar evidente nos desempenhos.

Ele ganha forças de um novo espírito

Meses mais tarde, quando eu esperava pela minha vez de falar numa convenção de vendas na região das Montanhas Rochosas, aquele homem apresentou-se fazendo-me recordar de sua carta e de minha resposta. Disse que aquela citação das Escrituras tinha feito mais para modificá-lo do que mesmo as sessões de aconselhamento que freqüentara, e que tinham sido de grande auxílio.

Que quer realmente dizer "renovado no espírito do vosso entendimento"? De início aquele nosso amigo ficou intrigado, mas a idéia realmente "agarrou-se" à sua mente. Sabia o que queria dizer espírito de equipe, espírito de escola, espírito de companhia — uma espécie de apego exclusivo aos princípios da firma, um sentimento profundo intercombinado com lealdade, e aquela atitude do disposto a seguir-seja-como-for. O processo do pensamento — raciocinou ele — seria, talvez, mais do que um exercício intelectual. Deveria haver essa coisa como um espírito, na mente, o que, seguramente, significaria uma atitude emocionalmente tocada, de compromisso, dedicação, renovação — numa palavra: inspiração — que ele agora via claramente como significando estar inspirado ou repleto de espírito. Em outras palavras, uma vivacidade que não pode ser deprimida, mas que continua com vigor, sejam quais forem as circunstâncias.

"Como resultado do que pensei nessa linha" — disse ele — "reuni quatro princípios que me capacitaram não só para a motivação, mas também para manter aquele espírito de motivação continuado, sem deixar-me afetar por contratempos ou resistências.

1. O tempo todo devo manter a atitude de "continuidade".
2. Devo cultivar a qualidade de meu espírito para ter a certeza de que posso manter essa atitude de continuidade tanto nos bons como nos maus dias.
3. Devo renovar-me em uma base espiritual, se desejo ser constantemente renovado no íntimo de minha mente.
4. Devo crer e afirmar que nada mais, nunca mais, poderá apagar o vigor de meu espírito."

Que esses quatro princípios influíram com eficiência sobre a personalidade e, conseqüentemente, sobre a carreira daquele homem, ficou evidente, não só na atitude, mas também, concretamente, no registro de suas realizações.

"Se usar esta história" — avisou-me ele — "peço que não mencione meu nome porque acredito que, tomando algum crédito por ter mudado uma base espiritual da vida, posso romper o fluxo de poder, e o fluxo do espírito do poder é de importância capital para mim. Algumas coisas extraordinárias começaram a acontecer na minha vida, e a mim, pessoalmente. Então, houve modificações em minha família e em meu negócio quando eu realmente tomei uma resolução e fiz algo com os meus pensamentos. Em última análise, contudo, foi uma recomposição do espírito que propiciou uma grande mudança em mim e no que se relaciona comigo" — concluiu.

O amor cancela pensamentos sombrios

Descartando pensamentos velhos, cansados, mortos, e ficando alerta, descobri muito cedo em minha experiência pessoal que a simples prática de deixar que o amor flua para as pessoas é quase mágica em sua eficácia. Sempre que percebo que meus pensamentos vão-se estagnando, procuro, deliberadamente, uma oportunidade de expressar amor através de um ato de consideração ou bondade, e, se faço isso suficientemente, novo vigor, fervor mesmo, surge em meu estado mental. E, com isso, uma sensação revitalizada de energia e sensibilidade torna-se evidente. Para mim essa prática é de tremenda importância.

Ademais, mesmo um retorno da memória para experiências de boa vontade oferecidas tem o efeito de afastar da mente o acúmulo de pensamentos velhos, cansados, sombrios que reaparecem constantemente, a não ser que se vejam detidos por uma força mental mais forte. Um poderoso processo curativo das atitudes mentais e espirituais é o produzido pela infusão de pensamentos e de ações solícitas.

Eu gostaria de contar três histórias, todas elas bem estranhamente associadas com o Natal de outros anos. Cada uma delas fixou-se em minha mente, porém, e, embora, naturalmente, eu tente praticar ações bondosas de forma habitual, a lembrança dos seguintes casos muito humanos ainda tem o poder de ajudar-me a descartar os pensamentos velhos, cansados, desagradáveis ou sombrios, que, em todos nós, estão sempre tentando tomar conta de nossa percepção.

Um tempo de minha mais impressionável meninice passou-se em Cincinnati, no Ohio. Lembro-me, ainda, da imensa árvore de Natal no Parque da Fonte — as decorações cintilantes, as ruas recobertas de geada ressoando com os cânticos natalinos. Na Rua da Liberdade, onde vivíamos, no setor leste, nossos pais sempre tinham uma árvore de Natal com autênticas velas, mágicas velas que, combinadas com aquele abeto, expandiam um aroma de floresta, único e inesquecível.

Certa véspera de Natal, tinha eu doze anos, saí com meu pai, que era ministro, para fazer algumas compras de última hora. Estávamos ambos carregados de embrulhos e eu ia ficando cansado e um tanto irritado. Pensava em quanto ia ser bom voltar para casa, quando um mendigo — homem de olhos turvos, barbado, sujo — chegou-se para mim, tocou-me no braço com a mão que parecia uma garra e pediu-me dinheiro. Ele era tão repulsivo, que, instintivamente, recuei. Baixinho, meu pai disse: "Norman, é véspera de Natal. Não deve tratar assim esse homem."

Eu não me arrependia. "Papai" — queixei-me — "ele não é ninguém, não passa de um vagabundo."

Meu pai falou, vigorosamente: "Talvez ele não tenha feito grande coisa de si próprio, mas, ainda assim, é um filho de Deus."

Então, deu-me um dólar — muito dinheiro para a época, e, certamente, para a renda de um pregador — e disse: "Quero que tome isto e dê àquele homem. Fale respeitosamente com ele, e diga que lhe está dando esse dinheiro em nome de Cristo."

"Oh! Papai" — protestei — "não posso fazer nada disso." A voz de meu pai era firme:

"Vá fazer o que lhe estou dizendo."

Assim, relutantemente e resistindo, corri atrás do velho e disse-lhe:

"Desculpe-me, senhor. Eu lhe dou este dinheiro em nome de Cristo."

Ele olhou para a nota de um dólar e depois para mim, espantado. Um sorriso maravilhoso surgiu em seu rosto, um sorriso tão cheio de vida e de beleza, que eu esqueci que ele estava barbudo e sujo. Esqueci que era um homem esfarrapado e velho. Com um gesto que era quase o de um cortesão, ele tirou o chapéu e disse, graciosamente:

"E eu lhe agradeço, jovem senhor, em nome de Cristo."

Toda a minha irritação, todo o meu aborrecimento se desvaneceram. A rua, as casas, tudo em torno de mim pareceu subitamente belo, porque eu tinha sido parte de um milagre, que depois disso testemunhei muitas vezes — a transformação que surge nas pessoas quando nelas se pensa como se fossem filhos de Deus, quando lhes oferecemos amor em nome da Criança nascida há dois mil anos num estábulo de Belém, uma Pessoa que ainda vive e caminha conosco e faz Sua presença conhecida.

Essa foi a minha descoberta de Natal, naquele ano — o ouro da dignidade humana que jaz oculto em cada alma viva, esperando para brilhar através dela, se lhe dermos uma oportunidade. Bem cedo, na vida, comecei a compreender que o princípio positivo é, profundamente, parte do amoroso relacionamento humano, e, por essa intuição, sou muito grato.

Drama ao término da vida

O telefonema para meu pai chegou à noite, tarde, e de um lugar dos menos possíveis — de uma casa no local que naquela ocasião era chamado "o bairro da luz vermelha" da cidade. A dona daquela casa dizia que uma das moças estava muito doente, talvez morrendo. E, na sua doença, chamava continuamente por um ministro. A mulher ouvira falar de meu pai, pastor de uma igreja muito conhecida. Ele iria?

Meu pai jamais deixou de responder a um apelo humano. Explicou calmamente à minha mãe o que se passava. Então, seus olhos pousaram sobre mim.

"Vista seu casaco, Norman" — disse ele. "Quero que venha comigo."

Minha mãe ficou estupefata: "Você não pretende levar um rapaz de quinze anos a um lugar daqueles!"

Meu pai respondeu: "Há muito pecado, muita tristeza e muito desespero na vida humana. Norman não pode ser afastado disso para sempre."

Caminhamos através das ruas recobertas de neve, e eu me recordo de como as árvores de Natal reluziam e piscavam na escuridão. Chegamos ao local, uma grande construção. Uma mulher abriu a porta e levou-nos a um aposento do andar superior. Ali, deitada numa cama de latão, estava uma patética jovenzinha, quase uma boneca, tão branca e frágil que parecia uma criança, pouco mais velha do que eu.

Antes de se fazer ministro meu pai fora médico e viu que a moça estava gravemente doente. Quando ele sentou-se ao lado da cama, a enferma agarrou a sua mão. Num sopro de voz disse que provinha de um bom lar cristão e arrependia-se das coisas que fizera e da vida que levara. Disse saber que estava morrendo e que tinha medo. "Fui tão má, tão má" — disse.

Eu estava de pé, junto de meu pai, ouvindo. Não sabia o que alguém poderia fazer para ajudá-la. Mas meu pai sabia. Pôs suas mãos, grandes e fortes, em torno da pequena mão da jovem. E disse:

"Não há moças más. Há moças que procedem mal, às vezes, mas não há moças más — como não há rapazes maus — porque Deus os fez e Ele faz boas todas as coisas. Você acredita em Jesus?"

A moça confirmou, com um gesto, e ele continuou:

"Deus ama você, que é Sua filha, e Ele a perdoou. Seja quando for a ocasião, Ele conduzirá você para o seu lar celestial."

Mesmo que eu viva até os cem anos, jamais esquecerei a sensação de poder e glória que encheu aquele quarto enquanto meu pai orava por aquela moribunda. Havia lágrimas nas faces das outras mulheres que ali estavam de pé, e na minha própria face também. E tudo quanto era sórdido, corrupto, simplesmente se desvaneceu. Agora, havia beleza naquele reduto do mal. O amor nascido em Belém revelava-se novamente na escura e triste casa de Cincinnati, no Ohio, e nada podia resistir àquilo, pois que aquilo parecia apagar todo o mal dos corações humanos.

Assim foi o presente que recebi naquele Natal, o olíbano do conhecimento de que há o bem em todas as pessoas, mesmo as tristes e desalentadas, e que ninguém precisa ser desamparado por causa de erros passados.

Inesquecível véspera de Natal

Foi, ainda, numa véspera de Natal, dessa vez no Brooklyn, em Nova Iorque. Eu estava me sentindo feliz porque as coisas iam bem na minha igreja. Jovem ministro solteiro, acabava de terminar uma visita a amigos e estava dando as minhas despedidas nos degraus de entrada da casa.

Tudo em torno de nós, acima e abaixo nas casas da rua, mostrava-se decorado em honra do dia do nascimento de Cristo. Subitamente, um par de guirlandas do outro lado da rua chamou-me a atenção. Uma delas mostrava o tradicional laço vermelho, brilhante e alegre. Mas a fita da outra era de um preto sombrio, símbolo de morte na família, guirlanda de funeral. Era costume, naquele tempo e local, pendurar tais guirlandas nas casas de luto.

Algo naquela inesperada justaposição de alegria e tristeza fez estranha e comovente impressão em mim. Perguntei o que significava aquilo ao meu amigo e ele me disse que naquela casa morava um casal jovem, com filhos pequenos, mas que ele não os conhecia. Eram novos no bairro.

Eu disse boa-noite e fui descendo a rua. Antes de ter chegado muito além, algo me fez retornar. Também eu não conhecia aquela gente. Mas era Véspera de Natal e, se houvesse alegria ou sofrimento a ser compartilhado, meu dever era participar.

Hesitante, subi até a porta e toquei a campainha. Um jovem alto abriu-a e falou agradavelmente comigo. Disse-lhe que era o ministro cuja igreja ficava no bairro. Vira as guirlandas e desejaria oferecer minha solidariedade.

"Entre" — disse ele, tranqüilamente. "Foi muita bondade sua, ter vindo."

A casa parecia muito quieta. Na sala de estar havia fogo na lareira. No centro da sala estava um pequeno esquife. Nele repousava o corpo de uma meninazinha que teria seis anos, talvez. Através dos anos ainda a recordo, jazendo ali, num belo e delicado vestido branco, engomado recentemente. Ao lado estava a cadeira em que o jovem estivera sentado, velando o corpo da filha.

Fiquei tão comovido que mal conseguia falar. *Que Véspera de Natal,* pensei. Sozinhos, num bairro novo, sem amigos nem parentes, uma perda esmagadora. O jovem pareceu ler os meus pensamentos.

"Está tudo bem" — disse ele, como que me tranqüilizando. "Ela está com o Senhor, como sabe."

Disse-me que sua esposa estava no andar de cima, com seus dois filhos menores. Levou-me até ela.

A jovem mãe estava lendo para os dois pequeninos. Tinha um rosto adorável, triste, mas sereno. E, subitamente, eu senti que aquela pequena família pudera colocar as duas guirlandas na porta, uma significando vida, a outra significando morte. Tinha podido fazer isso porque sabia que tudo era um só processo, tudo era parte do maravilhoso e misericordioso plano de Deus para todos nós. Tinham ouvido, aqueles jovens, a grande promessa: "Porque eu vivo e vós vivereis (João, 14:19). Tinham ouvido e tinham acreditado. Por isso podiam seguir para frente, juntos, com amor e dignidade, coragem e aceitação.

O jovem casal perguntou se poderia fazer parte da minha igreja. Fizeram. Tornamo-nos bons amigos. Muitos anos se passaram desde então, mas nenhum se foi sem um cartão de Natal de algum membro daquela família, expressando amor e gratidão.

Mas eu é que lhes sou grato.

E uma das razões pelas quais eu lhes sou grato é que essas experiências de amor revelado representaram para mim algo inesquecível. Mostraram-me um método importante para descartar, constantemente, os pensamentos velhos, cansados e sombrios que se acumulariam, seguramente, a nao ser que o amor e a compaixão os desalojassem. Esse aspecto do princípio positivo tem sido de incalculável benefício.

Padrões insalubres de pensamento podem bloquear o fluxo de inspiração criadora e inibir a capacidade funcional para alcançar a máxima eficácia. E não há na vida, talvez, nada que possa submeter uma pessoa ao mais intenso tormento do que os pensamentos cujas razões estão no medo, no ódio ou na depressão. Nos templos bíblicos, as pessoas assim atormentadas eram consideradas como que possuídas pelos demônios. Isso era chamado de "possessão demoníaca". Conforme a humanidade tornou-se mais sofisticada, tais noções fizeram-se motivo de sorrisos e divertimento Mas, quando os homens se foram fazendo mais instruídos, alguns cientistas ligados aos problemas humanos persuadiram-se de que uma pessoa pode ser possuída pelo que talvez se deva chamar espíritos mentais, tão maus em suas conseqüências que talvez o conceito de demônio não esteja assim fora de propósito.

Ela matou um demônio

Que o princípio positivo, agindo sobre a mente, tem poderoso efeito de eliminação do demônio do medo, um dos mais devastadores inimigos da felicidade e do bem-estar pessoais é coisa que vemos na seguinte carta:

> Dr. Norman Peale,
>
> Encontrei seu livro "O Poder do Pensamento Positivo" numa grande caixa de livros de um amigo. Esse livro transformou a minha vida!
>
> Vivemos num distante acampamento de corte de madeira que fica a 35 minutos, de avião, de uma pequena cidade.
>
> A pressão do medo era terrível. Com quatro crianças irrequietas, com menos de 9 anos, eu me sentia, às vezes, *muito* apavorada, e na maior parte do tempo estava temerosa. Por isso, vivia sob tranqüilizantes. Sem eles não podia agir, com eles *mal* podia me movimentar. Eu *sabia* que o avião não viria trazer-nos alimentos ou remédios. Ou que as crianças iam machucar-se ou adoecer. Ou que a neve apareceria mais cedo e os homens ficariam sem trabalho bem depressa.
>
> Quando comecei a ler o seu livro, havia uma semana que eu nada fazia na casa. Bem pode imaginar em que estado ela ficara. Tudo quanto eu fazia era andar de cá para lá.
>
> Podia perder-me num livro, se ele fosse suficientemente interessante, e então não me afligia. Seu livro foi o último a ficar na caixa, pois parecia longe de ser interessante, ou forte o bastante para dominar a fera que estava agindo ferozmente dentro de mim. Levei três dias a lê-lo, e isso foi um recorde, pois, habitualmente, lia um livro numa tarde. Tentei os métodos de todas as pessoas que lhe escreveram. Fiquei frenética: nenhum deles funcionava. Assim resolvi ler e tentar de novo. Sentia minha mente correr em círculos, e bem apertados.
>
> Certa manhã levantei-me, tomei minhas pílulas (força do hábito) e percebi que havia dormido a noite inteira, sem acordar. Foi como receber uma tremenda carga de esperança. Mas eu sabia que não era capaz de colocar em ação alguma Fé. Ao fim do dia foi despertando em mim a idéia de que a esperança era um dos lados da fé, sendo o outro a paz e a alegria. Naquela noite não tomei pílula alguma para dormir. Não pela fé ou pela esperança, mas porque as esqueci.
>
> Eu tinha estado à espera de um milagre instantâneo. Agora percebia que houvera um milagre. O milagre da criação fez-se

em sete dias e o milagre da vida pede nove meses. Assim, mesmo que ele vá além de um instante, nem por isso deixa de ser um potente trabalho de Deus.

Graças a Deus, já não tomo coisa alguma relacionada com pílulas.

Pela primeira vez, em seis meses, minha casa está limpa, meu cabelo bem penteado, minhas unhas feitas.

Meu marido está muito orgulhoso de mim e uma noite destas caçoou de mim, perguntando se eu havia conseguido arrumar algum namorado.

Disse-lhe que sim. E que o nome Dele era Jesus.

Um homem no inferno

Vou contar-lhes outro incidente que se passou com um dos mais conhecidos escritores americanos, amigo de longa data, que telefonou para o meu escritório, em Pawling, Nova Iorque, e começou bruscamente a conversa dizendo: "Estou no inferno!"

"De onde está falando?" — indaguei, sem ainda me convencer da seriedade daquela abertura.

"Danbury, Connecticut" — respondeu.

"Ora veja! Danbury (uma cidade próxima) não é para ser descrita dessa maneira" — falei eu — "porque é uma cidade agradável."

Um tanto exasperado, meu amigo declarou:

"O inferno não está em Danbury. Está em mim, direitinho na minha mente, e estou enojado e cansado disso. Posso ir vê-lo?"

Um pedido desses não podia provocar negativa. Além disso, eu tinha uma grande admiração por aquele homem como escritor de gênio, e votava-lhe afeição como amigo.

Veio e pôs-se a andar de cá para lá no meu escritório.

"Não posso mais escrever" — explodiu. "Perdi o jeito: nada de inspiração, nenhuma idéia, nenhuma capacidade de expressá-las, ainda que as tivesse. Sinto-me como morto. É isso — completamente morto."

Dei tempo a que ele expandisse seus sentimentos, e então fiz-lhe lembrar que era dono de uma mente superior e notável capacidade artesanal para as idéias e para as palavras que as expressavam brilhantemente.

"Mas não consigo pensar direito agora, porque a minha mente está cheia de uma massa de miseráveis pensamentos que me atormentam ao ponto de não me ser possível manter o pensamento criador."

"Está bem" — disse eu — "vamos ver isso. Vamos fazer uma verdadeira catarse, esvaziar a mente e, então, limpá-la. Venha para o seu relacionamento confidencial como um pobre e confuso sujeito se aproxima de seu pastor. E não me venha com retóricas porque eu saberei se está contando coisas mentirosas. A terapia não terá efeito, a não ser que, com honestidade completa, você descarregue todos esses pensamentos danosos que se apoderaram de sua mente e estão destruindo a sua felicidade, e talvez acabem por destruir a você mesmo."

Enquanto ele falava, um amontoado de pensamentos de medo e ansiedade, mesclados com fortes reações de culpa, derramou-se em fluxo contínuo que evidenciava uma profunda psicose, cujas raízes estavam, sem dúvida, na zona inconsciente da personalidade. Que aquilo lhe trouxe alívio temporário foi evidente. Mas eu lhe sugeri um curso de aconselhamento em profundidade, que ele seguiu escrupulosamente durante certo período de tempo, e cujo resultado foi o descarte daqueles pensamentos velhos, mortos, sombrios e a obtenção de uma vivacidade que há muitos meses não conhecia. Na verdade, ele exultava, dizendo jamais ter-se sentido tão alerta. Ademais, pôde manter em ação seu poder mental novamente conquistado.

"Matei aquele demônio" — declarou — "e saí do inferno. Ou talvez deva dizer que expulsei o inferno de mim. Estou feliz! É espantoso verificar o quanto aqueles velhos pensamentos insalubres haviam bloqueado a inspiração e imobilizado a motivação. Eu não acreditaria que uma coisa assim fosse possível."

Claro está que tal renovação completa é possível. É certo, de fato, que o descarte de pensamentos velhos, cansados, depressivos ou amedrontados liberta um forte fluxo de poder através da mente. E quando esse exorcismo acontece, as forças inspirativas e motivadoras tornam a operar, sem peias. Tal tratamento, ademais, dá ao indivíduo um novo domínio sobre seu potencial de controle, de forma que ele fica melhor capacitado para manter a continuidade do princípio positivo, sejam quais forem as circunstâncias adversas que possam ocorrer.

Assim, quando tivermos o problema de pensamentos velhos, negativos e sombrios, que passos daremos para superar a situação, corrigindo-a?

1. Limpemos vigorosamente o velho e insalubre padrão de pensamentos, descartando-o. E para sempre.
2. Dominemos nossos pensamentos, ao invés de deixar que eles nos dominem.
3. A cada noite esvaziemos nossa mente dos pensamentos desagradáveis, como esvaziamos nossos bolsos.
4. "Renovemo-nos no íntimo da nossa mente."
5. Façamos coisas bondosas aos demais, porque nada apaga mais a tristeza do que a prática da solicitude e da boa vontade.
6. Matemos nosso demônio do medo, ou da inferioridade, ou o que quer que seja. Não o suportemos mais. Agora — hoje — libertemo-nos disso, para sempre. Confessemos isso, encaremos isso, e, com a ajuda de Deus, trabalhemos contra isso. E venceremos.

SEXTA FORMA DE MANTER A CONTINUIDADE DO PRINCÍPIO POSITIVO

Deixe que algumas palavras mágicas modifiquem sua vida

É, realmente, espantoso o poder das palavras, ou das combinações de palavras, para afetar pessoas e situações. William Lyon Phelps, famoso escritor e professor de inglês, disse que as dez grandes palavras da língua inglesa são encontradas num trecho de *Hamlet*: "Ser ou não ser, eis a questão." Não se pode negar que essas palavras de fato contêm um pensamento solene, de grande alcance, sobre o destino pessoal.

Um conhecido autor shakespeariano declarou, certa vez, que a maior sentença está nas oito linhas de um antigo *spiritual*: "Ninguém conhece a aflição que eu conheci, glória, aleluia!" Pois a vitória sobre a aflição, por muito gigantesca que seja, merece, certamente, uma aleluia!

Uma vez falei no mesmo programa de uma convenção com um homem que fizera palestra convincente, na qual afirmara que o sucesso de qualquer negócio ou empresa podia ser explicado numa fórmula de cinco palavras. Traçou a história de alguns negócios e mostrou que eles deviam seu sucesso ao fato de terem levado avante a idéia criativa exposta em meia dúzia de palavras: "Encontre uma necessidade e atenda-a."

Mas há uma combinação de nove palavras que talvez tenha afetado mais pessoas do que qualquer outra declaração jamais feita. Demonstrou o poder de anular fracassos, aumentou forças, eliminou meios e superou dúvidas. Ajudará qualquer pessoa a tornar-se um vitorioso ser humano, na acepção mais alta dessa expressão. Realmente, essas nove palavras têm o incrível poder de levar-nos a nos tornarmos o que sempre desejamos ser, quando aplicadas em profundidade. E essa fórmula de nove palavras é: "Eu posso fazer todas as coisas através de Cristo..." Se a pessoa pertencer a outra fé que não a cristã, simplesmente mudará uma palavra, e dirá:: "Eu posso fazer todas as coisas através de Deus." Nessas nove mágicas palavras está nossa fórmula para inspiração, poder, motivação e capacidade de manter tudo isso atuando — sempre atuando. Aqui temos o princípio positivo em força superoperacional.

Como as nove palavras mágicas modificaram uma vida

Se pensarem que estou exagerando nos fatos, ou se duvidam do poder dessas nove palavras para modificar vidas e motivar carreiras, leiam cuidadosamente a dramática e verdadeira história que se segue. Então, ponderem sobre o fato de que tudo quanto acontece com uma pessoa pode acontecer com outra.

Certa noite, uma palestra que eu estava fazendo em Danville, Virgínia, ia sendo irradiada para um ampla região da Virgínia e da Carolina do Norte. Nesse último Estado um jovem senhor, George Shinn, dirigindo seu carro nas vizinhanças de Raleigh, ligou a emissora. Aquilo pareceu-lhe interessante e mais tarde pediu ao nosso representante que fosse vê-lo. Seguindo-se a essa entrevista, o assistente executivo daquele senhor, C. L. Jenkins, visitou nossa Fundação para a Vida Cristã, cuja sede fica em Pawling, Nova Iorque. O Sr. Jenkins enviou um relatório favorável sobre os objetivos e atividades daquela empresa religiosa, de caráter não-lucrativo, e que distribui 30 milhões de exemplares de literatura cristã e inspirativa por ano.

Nessa ocasião fui apresentado ao Sr. George Shinn, um homem jovem e atraente, que tem, na história de sua vida, uma dramática ilustração da maneira pela qual o compromisso religioso, a forte motivação e o pensamento inovador podem, realmente, fazer algo de notável pelo ser humano.

Alguns anos antes o Sr. Shinn e sua mãe lutavam para equilibrar a vida. O pai morrera e a família tinha dívidas. Sua mãe, obviamente uma mulher notável, bombeava gasolina, fazia o controle das notas de pagamento num supermercado e trabalhava como telefonista. George lavava carros, trabalhava numa padaria, mais tarde trabalhou numa fiação. Houve um tempo em que teve de vestir roupas usadas que lhe davam. Esses fatos são aqui contados para indicar o grau de sucesso que ele veio a alcançar.

George formou-se pelo ginásio, com notas "bem baixas", como recorda modestamente. Precisou fazer o curso de verão para obter seu diploma. Compreendeu, financeiramente pobre como era, que precisaria de instrução, e entrou numa escola comercial, servindo como zelador em troca do valor da sua anuidade.

O zelador sobe

Então ocorreu uma dessas coisas aparentemente pequenas, das quais derivam as grandes coisas, e, por ter sabido lidar com aquele pequeno assunto, acertou o passo para os grandes acontecimentos que se seguiram. Era um sábado e ele cumpria sua tarefa de limpeza quando duas jovens de outra cidade vieram tomar informações sobre a escola, e George se entendeu com aquelas estudantes. Ao contrário de tantos outros empregados ele não fez a pergunta grosseira: "Não vêem que a secretaria está fechada? Isso não é do meu trabalho. Voltem segunda-feira e não me aborreçam." Essa espécie de reação, referência de nível dos derrotados, nunca passou pela mente de George. Tinha orgulho da escola e mostrou às moças as salas de aula, a biblioteca e todas as comodidades, terminando por inscrevê-las como estudantes, recebendo seus depósitos. Na segunda-feira seguinte o diretor mudou seu trabalho de zelador para o de recepcionista dos estudantes que vinham à matricula.

George teve tanto sucesso nessa atividade que depois de sua própria formatura continuou a exercê-la. O dono da escola de comércio comprou outras escolas, e, com o tempo, ofereceu sociedade a George. Agora ele estava a caminho do sucesso, sócio de seis escolas de comércio.

Chega o desastre

As sociedades talvez se expandissem depressa demais, e os problemas financeiros surgiram. Os negócios das escolas encaminhavam-se para a bancarrota. George consultou um escritório jurídico de peritos em negócios e colocou seus documentos diante dos chefes da firma e de um perito-contador. Durante várias horas eles estudaram as suas contas e, finalmente, disseram:

"Precisamos falar-lhe com franqueza. O senhor tem de se render. Não lhe resta outra saída, nem com uma oração.

"Não, não" — exclamou George — "não pode ser, não deve ser".

Estonteado, dirigiu-se pela *Interstate 85,* guiando quase sem ver, os olhos toldados pelas lágrimas. As faixas escuras da estrada pareciam bater o refrão desanimador: "Fracasso! Fracasso! Fracasso!"

Acabrunhado por aqueles pensamentos de fracasso, saiu da estrada e, parando, debruçou-se sobre o volante. "Nem com uma oração, nem com uma oração." As palavras do advogado martelavam-lhe o cérebro. E, quando um cérebro é martelado, muitas vezes abre-se para alguma nova e poderosa intuição, que foi, precisamente, o que aconteceu naquele instante.

Subitamente, um tremendo pensamento faiscou. "Ora, eu tenho a oração! É claro que tenho a oração, mas não no sentido da que o advogado lhe deu. A oração é a minha esperança, a oração é a minha resposta."

Assim, fez uma simples, mas poderosa oração. Poderosa porque completamente sincera e ativadora de extraordinários resultados.

"Senhor amado" — disse ele, humildemente. "Eu nunca fui muito brilhante, mas realmente desejo ser uma pessoa criativa. Quero ser alguém e fazer coisas que ajudem os demais. Ponho minha vida entre as Vossas mãos, para me dirigir e orientar-me."

Então, acrescentou esta pertinente promessa, que iria transformar seu fracasso em sucesso.

"Senhor amado, se quiserdes pensar a forma, eu farei o trabalho. Amém."

Insistindo a cada dia nessas palavras mágicas, George tomou seus problemas com nova confiança e com pensamento construtivo cada vez maior. Começou a reorganizar suas escolas, expandindo os currículos. Houve pessoas que o auxiliaram com refinanciamento, ao verem que ele estava tentando, sinceramente, prestar um serviço construtivo. Além disso, George possuía real capacidade.

Recuperação espetacular

Agora ele desenvolvera uma estranha capacidade nova de espírito e mente. Tornou-se um líder inspirado e eficiente naquele ramo. As matrículas cresceram, novas escolas foram somadas à sua cadeia de instituições educacionais. Com o aumento dos conhecimentos especializados, outras escolas, em todo o país, começaram a procurá-lo como consultor. Hoje, aquela organização que beirou a bancarrota tem cinco mil estudantes, com seiscentos funcionários e serve como consultora administrativa para quarenta outras escolas secundárias e de comércio.

Embora as escolas sejam lucrativas, seus lucros são relativamente modestos comparados com as criadas por outros negócios, levados a efeito por George Shinn & Associados — uma agência consultora, uma firma de automóveis de aluguel, uma companhia de seguros, uma firma fornecedora de móveis e equipamento para navios, e por aí além.

Shinn, autêntico pagador de dízimos, dá mais de 10 por cento de sua renda para as obras religiosas. Ele e sua esposa vivem modestamente. Ele próprio é um indivíduo realista, recebendo o sucesso que lhe veio aos trinta e quatro anos com simplicidade e humildade. Recebendo recentemente o notável prêmio Horatio Alger Award dado a pessoas que obtiveram sucesso grandioso partindo de um início modesto de vida, ele atribuiu tal sucesso, muito sinceramente, nesse caso, a "Deus trabalhando em minha vida".

Fala freqüentemente em igrejas e a vários tipos de organizações e, em cada palestra, refere-se aos "milagres realizados por Deus" em sua experiência, numa sociedade na qual "Deus faz os planos e eu executo-os". Sua fundação faz doações generosamente para a educação de pastores, através de bolsas de estudo, e a outros empreendimentos religiosos, inclusive à Fundação para a Vida Cristã.

Alguns podem ver essas doações de caráter religioso como coisa admirável, ainda assim um tanto singular para um negociante próspero. Mas Shinn está bem longe de ser singular. É um moço americano normal, que cresceu em meio a circunstâncias difíceis, mas teve uma motivação para construir vida criativa. A motivação dinâmica veio através de intensas preces, numa época em que o fracasso se agigantava. Isso resultou na "entrega de tudo a Deus", pondo sua fé nas palavras mágicas. A experiência do Sr. Shinn mostra que, quem quer que se engaje integralmente nesse programa, pode, realmente, realizar notáveis conquistas.

Não precisamos sofrer fracassos. Não nascemos para fracassar, nascemos para vencer. O segredo está no descarte de negativas e desculpas. Façamos o programa orientado por Deus, adotemos a política de dar, acreditemos em trabalho duro e em persistente aplicação do princípio positivo, e qualquer um de nós poderá tornar-se aquilo que quiser ser. Encontrará sua meta, se a desejar com suficiente ardor.

Confie em si mesmo

"A autoconfiança é o primeiro segredo do sucesso" — é uma frase freqüentemente citada e atribuída a Ralph Waldo Emerson. Pela prática em profundidade das palavras mágicas, descobrimos que podemos, de fato, "fazer todas as coisas".

Então a pessoa que assim proceder estará a caminho de desenvolver as mais importantes qualidades de todos os sucessos — autoconfiança e autocrença. Uma coisa é certa: o caminho para o sucesso nunca passa pela autodúvida passiva, ou por um complexo de inferioridade desorientador. O sucesso requer um senso humilde mas real de adequação, um respeito próprio normal, e, com isso, a convicção de que podemos fazer o que desejamos fazer.

Virgílio, sábio da antiguidade, disse: "Eles podem porque pensam que podem." E Goethe concordou com esse princípio vital, dizendo: "Logo que acreditares em ti mesmo saberás como viver." A prática das palavras mágicas leva a uma normal e sólida autoconfiança e à crença na qualidade e na integridade da própria personalidade.

Um jornalista australiano escreveu fascinante história sobre um meu amigo, *Sir* John Walton, de Sydney. O artigo enfatizava a contribuição do princípio positivo, e fé, na notável carreira de *Sir* John, que uma vez me contou que o início de sua vida fora atormentado por sentimentos de insegurança, e que sofrera de uma disposição para o fracasso. O jornalista, descrevendo a carreira daquele ilustre líder dos varejistas, fez referências a uma eficiente fórmula espiritual de quatorze palavras para o desenvolvimento de atitudes que o auxiliaram a manter a continuidade da motivação em alto nível de realizações vitoriosas:

> O magnata do comércio varejista, aos 71 anos, anunciou, esta semana, sua aposentadoria depois de 45 anos "de trabalho ininterrupto".
>
> O homem que começou ganhando um xelim por semana como caixeiro numa fábrica acredita que ainda há lugar no topo da escala para o homem que se faz por si mesmo.
>
> "Não vejo nada que possa impedir um homem de subir por si próprio, puxando-se pelos cordões dos sapatos, se ele estiver preparado para pagar o preço" — disse *Sir* John.
>
> E disse mais: "Penso que há sempre oportunidade para fazer isso, mas acredito que a grande maioria não está se esforçando tanto quanto devia. Abandonam tudo, quando a tentativa mostra-se pesada. É preciso trabalhar longas horas, empenhar-se duramente, e consagrar-se ao máximo antes de alcançar o objetivo.
>
> Li, certa vez, um livro chamado "O Poder do Pensamento Positivo", do Dr. Norman Vincent Peale. Fiquei tão impressionado que fui à sua igreja, em Nova Iorque, para ouvi-lo.
>
> Ele estava falando sobre a fé, usando o texto bíblico "Se tiverdes fé como um grão de mostarda que seja, nada vos será impossível!" (Essa a fórmula de quatorze palavras de *Sir* John.) Tal foi a minha filosofia desde então — podemos fazer seja o que for se tivermos fé em nós mesmos. Por isso levo comigo um grão de mostarda como um símbolo que me faz lembrar que posso fazer tudo quanto quiser."
>
> Assim falou ele. Mas nem tudo tinha sido fácil para *Sir* John. Com sua voz macia ele recordava como fora mal na escola, o quanto lhe parecia difícil manter-se num emprego e concentrar-se em divertimentos. "Até os 26 anos andei ao sabor das marés" — disse ele. "Tive uma série sucessiva de empregos, mas não os mantinha por muito tempo. Então, dei valor a mim mesmo, deixei de beber e de fumar, e empreguei-me na *National Cash Register Company* como vendedor. Daí cheguei a gerente na Nova Gales do Sul e, mais tarde, a diretor-gerente na Austrália.
>
> "O que vou dizer pode parecer pomposo — falou ele — mas meu sucesso não me foi surpresa."
>
> Em 1951, com o auxílio de dois antigos diretores da NCR, *Sir* John comprou Murdoch — a arruinada loja de roupas para homens, que se tornaria o primeiro elo da maior cadeia varejista da Austrália.
>
> A gigantesca loja varejista, Sears Roebuck, ficou impressionada com o rápido crescimento da companhia, e investiu no seu futuro. Em 1970 John Walton foi feito cavalheiro pela Rainha Elizabeth II.

Acredite em si próprio

Sir John Walton, quando era um rapaz vacilante e andava aos tropeções, abatido por um inibidor complexo de inferioridade, teve de aprender a acreditar em si próprio, a confiar em si próprio, se quisesse realizar seus sonhos e suas esperanças. Encontrou-se, realmente, através da fé e da filosofia existentes nos ensinamentos positivos das Escrituras. Sua carreira ilustra a verdade de que quando alguém aprende a crer em Deus e a confiar Nele para tudo, íntegra e completamente, aprende, também, a acreditar e a confiar em si próprio. E isso é uma seqüência lógica, porque cada pessoa criada por Deus tem algo da qualidade divina dentro de si, e a fé positiva pode libertar essa qualidade.

Há pessoas que erradamente, acredito, argumentam que crer em Deus, e então acreditar em si próprio, é, de certa forma, "usar Deus" para melhorar seus próprios interesses. Mas, tal como vejo esse assunto, um ímpeto, impulso ou motivação foi construído no indivíduo pelo Criador para que fizesse o melhor possível de si próprio neste mundo. Isso não significa, naturalmente, que a pessoa deva tentar atingir seus objetivos a expensas de outros. Significa, simplesmente, que uma força básica, a Natureza Divina, opera na natureza humana, o que, por sua vez, significa que estamos destinados a possuir a autoconfiança necessária para enfrentar provas e responsabilidades.

Já que um livro é, até certo ponto, um documentário da experiência do autor, devo confessar que um dos maiores problemas que precisei enfrentar foi o da aquisição de autoconfiança. Tenho declarado, freqüentemente, que o meu complexo de inferioridade era o mais formidável que já surgiu no Estado de Ohio, meu Estado natal. Eu era tímido, reticente, apavorado, encabulado e encolhido. A palavra "encolhido" raras vezes é usada na linguagem corrente, mas é expressão altamente descritiva, significando abaixamento, diminuição. Tudo me levava ao nível do chão, por encolhimento.

Curiosamente, apesar desses patéticos sentimentos de inferioridade, sempre desejei ser um orador público. Ficava impressionado quando ouvia algum dos grandes oradores da ocasião, figuras políticas como Theodore Roosevelt e William Jennings Bryan, e pregadores notáveis — todos eles grandes dominadores de assembléias públicas. Desejava ser como eles.

Naqueles dias havia grandes oradores, nos púlpitos como nos estrados. Talvez fosse a era de ouro das grandes falas ao público. Foi um período na história americana em que houve uma galáxia de homens de gênio, coisa que mal se vê, desde então, homens que arrebatavam vastos auditórios com a sua eloqüência. Era eletrizante ouvi-los, e para um meninozinho apavorado, dono de um complexo de inferioridade, constituam-se em heróis a serem cultuados à distância.

Certa vez, em Greenville, Ohio, William Jennings Bryan, um dos maiores oradores públicos que este país jamais produziu, três vezes candidato à presidência, veio à minha cidade. Falou, usando um estrado, para uma imensa audiência, vinda de todos os recantos da região. Outro garoto, tão tímido quanto eu, reunia-se a mim no esforço de ser valente e arrogante, forma comum de compensação para a inferioridade.

Arranjamos um grande charuto, cortamo-lo ao meio, e nos metemos sob o estrado para um primeiro e clandestino ato de fumar. Depois de algumas baforadas fiquei nauseado, nauseado mesmo, e de tal maneira que aquilo acabou para sempre com o meu desejo de fumar. Até hoje posso me lembrar de como fiquei deitado no chão, sob aquele estrado, enquanto o grande homem tonitroava lá em cima, sobre mim. Minha bravata se apagou e voltei ao tímido estado de um coelho cheio de medo.

O aprendizado da autoconfiança secreta

Meu pai era um destacado pregador, amplamente solicitado em Ohio para qualquer espécie de acontecimento. Certa vez ele fez uma oração na Convenção Estadual Republicana, em Columbus, e engrandeceu-se em eloqüência ao descrever os estimulantes acontecimentos da história americana e dos grandes líderes (todos Republicanos). Isso resultou em que, quando ele disse "Amém", o auditório explodiu em trovejante aplauso. O presidente da reunião disse que aquele fora "o maior discurso já pronunciado numa convenção política em Ohio". Meu pai, contudo, fez-lhe lembrar, humildemente, que aquilo tinha sido um discurso feito a Deus, sob forma de oração.

Fosse como fosse, meu pai entendeu meu sonho de tornar-me um orador público e sentiu forte empatia com o meu nervosismo e timidez, pois sofrera o mesmo em seus anos jovens. Ensinou-me, primeiro, que um orador deve ter uma mensagem, na qual acredite integralmente. Deve ser completamente sincero, porque, se houver algo de falso no que diz, essa insinceridade se trairá, alto e em bom som.

Ensinou-me, também que um orador realmente grande deve amar as pessoas e desejar ajudá-las. Para ser eficiente deve falar às pessoas nas formas que elas usam em seus pensamentos e linguagem, recorrendo a ilustrações com as quais possam identificar-se. Fez uma comparação entre a montanha que reúne a umidade e devolve-a ao campo como chuva e o grande orador que reúne as esperanças, sonhos e necessidade das pessoas e lhes devolve todas essas coisas como inspiração que as ajude a compreender os valores que procuram.

Meu pai compreendia que tinha, na atitude de aguda inferioridade de seu filho, um problema, e que pouco adiantaria sugerir que o menino tomasse conta de si próprio, começasse a ter autoconfiança e ganhasse postura ereta de homem em lugar de rastejar como um verme.

Tendo sido médico antes de tornar-se pregador, e, tendo aprendido em ambas as disciplinas uma sutil compreensão do efeito das atitudes subconscientes para determinar reações da personalidade, meu pai sabia que só uma revisão em profundidade poderia dar-me autoconfiança.

Tratou as atitudes autodefensivas de seu jovem filho cuidadosamente e com habilidade. Durante meses fez sentir o fato de que só uma modificação básica na natureza do menino poderia libertá-lo daquele domínio de sentimentos inadequados e de inferioridade.

Jamais empregou métodos superficiais, como dizer: "Crie ânimo, seja homem. Não rasteje pela vida, agachado como um covarde." Não, meu pai era inteligente demais para isso. Simplesmente encorajava-me a esperar que houvesse uma esperança, uma forma de mudar, e, paulatinamente, levou-me a isso.

Ele ensinou as palavras mágicas

Certo belo domingo de verão, depois da igreja, meu pai levou-me para um longo passeio a pé pelo campo próximo a Greenville, onde morávamos. Perambulamos durante vários quilômetros, nos prados, ao longo de tranqüilas estradas rurais, e através de bosques.

Lembro-me, com amorosa memória, de que paramos numa casa de fazenda para cumprimentar a família, cujos membros pertenciam à igreja de meu pai. Trouxeram-nos copos de leite frio, bolos e o mais delicioso sorvete caseiro que jamais levei à boca. Foi tão maravilhoso aquilo que o momento fez-se inesquecível.

Anoitecia quando voltamos para casa, havendo dez ou vinte quilômetros para andar. Quando o sol ia descendo cada vez mais para o oeste e o céu iluminava-se com a glória do crepúsculo, sentamo-nos sobre uns troncos cortados, para descansar, olhando para os campos de *Darke County,* uma das mais ricas terras de lavoura da América.

Meu pai disse:

"Norman, devo dizer que só Jesus Cristo pode modificar a sua vida. Se você se colocar nas Suas mãos, Ele retirará todo o medo, toda a autodúvida, todos esses miseráveis sentimentos de inferioridade. Ele tornará você confiante e forte. Se quiser ser um orador público, capaz de tocar e comover as mentes e os corações de homens e mulheres, deixe Jesus tomar conta de sua própria mente e de seu coração. E a ocasião de fazer isso é agora, aqui, com seu pai que ama você, que acredita em você."

Assim dizendo, ele, à moda antiga, ajoelhou-se ao lado do tronco cortado em que sentara. Eu também me ajoelhei, e ele entregou-me a Cristo.

"Agora" — disse-me, quando caminhávamos em direção de nossa pequena casa — "recorde sempre essa verdade: com Cristo como seu Auxiliar você pode ser confiante, forte e viver uma grande vida. Lembre-se, e nunca se esqueça, de que as palavras mágicas modificarão sua vida: 'Posso fazer todas as coisas através de Cristo. . .' "

Meu pai era um homem maravilhoso, um homem de verdade, uma grande personalidade, nada usual. Há muitos anos ele se foi deste mundo, mas realmente vive e viverá sempre para mim, porque me ensinou, naquela tarde de verão, o significado de uma forte e amorosa paternidade, e conduziu-me, então, à Fonte da confiança.

Muitos anos correram depois daquela caminhada numa tarde de domingo, mas mesmo agora, quando a velha autodúvida tende a apoderar-se de mim outra vez, eu ouço, através da névoa do tempo, a voz de meu pai, em sua velha e querida maneira de falar, dizendo: "Não tenha medo. Lembre-se das palavras mágicas."

Hoje, meu programa leva-me a falar a grandes audiências, na média de três ou quatro vezes por semana, em cada trecho dos Estados Unidos e do Canadá, e mesmo em regiões ultramarinas. Mas, de vez em quando, há um momento, exatamente quando estou sendo apresentado, em que o velho medo aflora, o medo de não poder falar. A velha autodúvida tenta se impor. Então, eu me lembro de meu pai, que ainda guia seu filho, dizendo: "Você pode fazer todas as coisas através de Cristo." Então, coloco minha fé em Cristo e faço o melhor que posso. Tenho uma enorme dívida de gratidão para com aquelas palavras mágicas que mudaram minha vida, e que até agora a dirigem, dia a dia.

As palavras mágicas em tempo de crise

As pessoas são chamadas a enfrentar situações de crises e dificuldades, e de novo as palavras mágicas fornecem o vigor necessário para tais circunstâncias. A promessa "Posso fazer qualquer coisa através de Cristo" tem, provavelmente, arrastado mais pessoas através de mais dificuldades do que qualquer outra que já tenha sido feita.

Isso lembra o homem que encontrei na rua e com o qual conversei durante uns cinco minutos, talvez. Ele me fez parar a fim de dizer que estava passando "por águas escuras e profundas", segundo a sua expressão dramática. De pé ao lado do fluxo do trânsito, tanto de carros como de pedestres, contou-me o amontoado de dificuldades que o pressionavam. Sua esposa estava hospitalizada para uma operação. Seu salário sofrera um corte. Seu filho adolescente metera-se em complicações com a lei. Tinha dificuldade para pagar suas contas. "Uma coisa atrás da outra" — disse o homem, acrescentando: "Não é estranho observar como os contratempos vêm todos em massa, ao mesmo tempo?"

Eu comecei a delinear planos para tratar aquele problema, mas ele me deteve: "Não se preocupe" — falou. "Só aproveitei este encontro para descarregar um pouco o coração. Na verdade, estou a salvo destas coisas. Nada pode me abater, e tudo acabará bem." De pé naquela rua ouvi-as outra vez — as palavras mágicas — e nunca escutei-as soar tão dramaticamente, nunca me pareceram mais reais do que quando aquele homem, tão duramente atingido, disse com positiva segurança: "Posso fazer todas as coisas através de Cristo..." Ele tinha o que se requer para manter a continuidade.

Ainda outra prova do poder daquelas tremendas palavras veio ter comigo numa viagem para palestras entre os soldados americanos no Vietnã, na época em que aquela guerra estava no auge. Eu estava num posto avançado para falar em um serviço religioso para uma divisão naval da Colina 44. Vários homens tinham perdido a vida e seus camaradas se reuniram para um culto solene em memória deles. Foi uma experiência inesquecível, aquela de dirigir-me a setecentos homens, lá longe, na frente de batalha, em ocasião que comovia profundamente todos nós.

Antes da reunião tive um encontro de alguns minutos com um grupo de capelães. Um deles, sacerdote católico romano, obtivera licença para viajar algumas milhas a fim de levar a Comunhão a homens que ocupavam posição extremamente perigosa em linha avançada. Para chegar àqueles homens, o próprio capelão deveria procurar seu caminho através de campos minados, sempre correndo o perigo de tropeçar sobre mina de superfície que poderia destruí-lo.

"Esse seu trabalho é voluntário, capelão?" indaguei.

"Sim" — foi a resposta.

"Por quê?" — insisti.

"Por quê?" — repetiu ele. "Bem, porque eu sou um servo de Nosso Senhor e aqueles homens são Seus filhos. São o Seu rebanho e eu sou o Seu pastor."

Fiquei profundamente comovido com a simples sinceridade daquele homem dedicado, disposto a arriscar sua vida pelas "ovelhas", isto é, por solitários moços americanos que estavam em lugar perigoso.

"Isso exige muita coragem" — disse eu, com genuína admiração.

Sua resposta foi clássica:

"Oh! Não sei. Dependo do auxílio que sempre virá ter comigo."

Hesitou, e a seguir acrescentou:

"Ele nunca me abandonou e nunca me abandonará, aconteça o que acontecer."

Assim dizendo, saiu em direção do perigo, possìvelmente ao encontro da morte. Fiquei profundamente impressionado com aquele homem e com a sua fé. Ele colocava tudo sob as palavras mágicas. Tinha inspiração e poderosa motivação para ajudar os homens e servir a Deus. Com isso, possuía, ainda, o poder da continuidade. O princípio positivo era sua forma de vida.

E, agora, a recapitulação das idéias apresentadas neste capítulo:

1. O poder das palavras para modificar nossa vida alcança o máximo da possibilidade de ajudar nas palavras mágicas: "Posso fazer todas as coisas através de Cristo."
2. Essas palavras podem ajudar-nos a dominar qualquer derrota.
3. Nunca pensemos que "não há oração" que nos valha. Temos, sim, oração que nos conduz.
4. Compromisso espiritual não é para os excêntricos, mas para as pessoas que "têm algo" em si.
5. Segurança e autoconfiança são subprodutos das palavras mágicas.
6. Deixemos que a autoconfiança vença nossos complexos de inferioridade.
7. Quando houver crises, deixemos as palavras mágicas decidirem. Elas nos levarão através de qualquer coisa, de todas as coisas.
8. Somos sempre vigiados através dos perigos.
9. Vivamos pela Fé e ela nunca irá desamparar-nos.

SÉTIMA FORMA DE MANTER A CONTINUIDADE DO PRINCÍPIO POSITIVO

Podemos fazer maravilhas se insistirmos em tentar

Se realmente tentarmos — conseguiremos! Isso é certo, e as coisas que agora vemos como nos tendo derrotado, despojado, batido — são coisas que podem ser manejadas, tratadas, dominadas. E como? Simplesmente *tentando*.

Apenas um minúsculo punhado dos que realizam coisas neste mundo possui, em qualquer sentido, um superintelecto. Contudo, essas pessoas têm uma superqualidade que as mantém em ação: tentam, apenas. Nunca poderemos saber o que somos capazes de fazer se não tentarmos — tentarmos apenas. Esse é, realmente, o nome do jogo: tentar.

A atitude que se toma em relação a problemas e dificuldades é, com grande vantagem, o fato mais importante para controlá-los. O instigante escritor Kermit W. Lueck relata um programa universitário de pesquisa, organizado a fim de determinar os fatores da fórmula para o sucesso. São quatro: Q. I., conhecimento, habilidades e atitudes. E, segundo Lueck, atitude refere-se a um espantoso 95 por cento do sucesso. De primordial importância é a atitude de "continuarei tentando", o "nunca abrir mão", o "agarro-me a isso" e a continuidade da fé.

Minha mãe fez-nos tentar

Minha mãe era uma senhora doce e delicada. Mas podia ser rigorosa disciplinadora, porque havia uma coisa que ela jamais permitia que os filhos fizessem: desistir. Posso ainda ouvir sua voz forte, firme e clara, dizendo: "lembrem-se disso e nunca esqueçam: os Peale nunca desistem". Tentava, deliberadamente, gravar tenacidade e obstinada perseverança, inatacável perseverança, no tecido mental de seus filhos.

De todas as disciplinas escolares, a mais difícil para mim era a Matemática. Eu gostava de Inglês e História, estudava essas matérias fiel e entusiasticamente, mas devo confessar que tentava desviar-me da Matemática. Mas minha mãe deixava? Jamais! "Você aprenderá se tentar e tornar a tentar e continuar tentando" — insistia ela, acrescentando: "E trate de se mexer, porque eu, pessoalmente, vou fazer você continuar tentando até que consiga."

Bem, a sensata disciplina de minha mãe deu resultado, porque, embora eu jamais me diplomasse como professor de Matemática, aprendi uma lição vital, a que nos ensina a tentar, simplesmente. E teremos com isso aprendido um dos maiores segredos do sucesso.

Realmente, os que aperfeiçoam a técnica de "tentar" podem não ser dotados de talento brilhante, mas adiantam-se na vida, chegando mesmo à realização de alto nível, porque se tornam inabaláveis e invencíveis competidores. Para eles é absolutamente impossível aceitar o medíocre, ou deixar de lutar para atingir a esquiva perfeição.

Ty Cobb — sempre o competidor

O bom documentário do falecido Branch Rickey sobre o nosso antigo jogo nacional é um clássico em seu gênero, especialmente em sua apreciação dos grandes atletas da história do baseball ([1]) e das qualidades que fazem o jogador máximo de *baseball.*

A escolha de Rickey quanto aos dois maiores jagadores de todos os tempos, pelos menos até os dias presentes, recaiu sobre Honus Wagner, famoso *shortstop* ([2]) do *Pittsburgh baseball club,* e Ty Cobb, do imortal *Georgia Peach* do Clube de Detroit. Ele chama Cobb de "a escolha *do* jogador para *o* jogo que *deve* vencer". Rickey diz que Cobb não tinha um braço grande. Então, para compensar, praticava horas a fio arremessando na

(1) Sendo o *baseball* jogo pouco difundido no Brasil, conservamos no original as expressões que lhe são relativas e que exigiriam longas explicações técnicas. (N. T.)

(2) SHORTSTOP — interceptador. (N. T.)

área de fora do quadrado. Seu objetivo era fazer a bola saltar em seu primeiro contato com o chão, e não ressaltar com velocidade retardada. Isso significava controle definido do volteio e da trajetória apropriados.

"Alguém já ouviu falar" — indagou Rickey — "em jogador de *baseball* que voluntariamente, e a sós, impusesse a si próprio tão árduo treino? O resultado foi desenvolver a exatidão, elevação do arremesso e a rotação correta, que vieram a torná-lo o maior de todos os lançadores."

Cobb jamais deu passo duplo em seu arremesso a partir de fora do quadrado. Arremessava direto de onde apanhava a bola. Calculava que "o corredor vai a toda a velocidade e correrá 5 m enquanto eu ando 1,5 m". Tornou-se o terror dos corredores porque sempre tentava fazer-se máquina de *baseball*, a mais perfeita possível. Rickey chama-o o mais perseverante e assíduo aprendiz — o maior perfeccionista tanto no ataque como na defesa! Ele teve a média de 367 no manejo do bastão e o quase incrível recorde de 892 *stolen bases* ([1]).

Zig Ziglar é um orador motivador popular em reuniões de vendas. Em seu fascinante livro *See you at the Top* (Vejo você no alto) ele conta uma estória sobre Ty Cobb que ilustra ainda mais o "tentar sempre", princípio que entrou na feitura daquela imortal figura do *baseball*. Quando Cobb chegava à *base*, tinha um hábito aparentemente nervoso de chutar a almofada de serragem. Só depois que deixou de jogar é que se descobriu o segredo. Chutando com bastante força aquela almofada ele podia movê-la umas duas polegadas para mais perto da segunda *base*. Calculava que isso melhorava suas possibilidades para um *steal* ou para alcançar a seguda *base* com segurança numa batida. Competir, competir, competir — esse é o espírito de continuidade através do qual uma pessoa que tenta fará, definitivamente, recordes.

Tentar, naturalmente, não pode ser coisa para uma única vez, mas processo contínuo, constantemente mantido em alto nível. Quando isso é feito, na devida ocasião o objetivo será alcançado, a meta atingida. Continuar, continuar, eis a fórmula de três pontos do sucesso. Pena é contudo, que haja muitas pessoal que não continuam por tempo suficiente, antes se tor-

---

(1) Stolen Bases — Bases — Steal — Passagem de uma base, que é um dos quatro cantos do campo, sem auxílio de batida ou erro. (N. T.)

nam cansadas, desencorajadas ou dominadas por uma sensação de inutilidade.

Assim, sacodem para longe o esforço, simplesmente, e deixam de tentar. "Não adianta. Vou largar isso." Assim dizendo, aceitam o fracasso definitivo. Desistem, apenas. E muitas vezes, tivessem elas mantido o esforço somente um pouco mais, aquilo para cuja obtenção tanto trabalharam seria conseguido. Como é triste pensar que se desistiu quando, sem que o saibamos, o objetivo estava a ponto de se realizar. O Dr. Raymond Edman cita William J. Cameron, que disse: "O último e desalentado esforço muitas vezes se torna o golpe vencedor."

Ouvi, algures, o caso de um garimpeiro de ouro, nos velhos dias do Oeste. Durante dias golpeava a terra com a picareta em busca do veio de ouro que ele tinha certeza de encontrar ali. Dia após dia manejou a picareta, suando com aquele trabalho. Finalmente, o vírus do desencorajamento apoderou-se dele. Com um gesto furioso e inútil meteu a picareta na terra, juntou seus pertences e se foi. Muitos anos depois aquela picareta, agora enferrujada, o cabo apodrecido, foi encontrada exatamente a seis pés de um rico veio de ouro. Persista, agarre-se, continue — eis a resposta. Esse é o princípio positivo que obtém resultados, alcança objetivos, realiza metas.

Mas como se pode manter a continuidade?

Para enfrentar o problema de uma longa e árdua sustentação do esforço, é importante utilizar o poder da imaginação, a técnica do fantasiar. Formar a imagem mental do objetivo que desejamos atingir e outra imagem do que tal objetivo é no momento, durante o processo de ser trabalhado, e teremos posto asas sob a dura tarefa de tentar.

Por exemplo: desejamos um belo lar. Como faremos para obtê-lo? Com economia e trabalho duro, naturalmente. Mas esse processo pode tornar-se longo e pesado e anular nosso esforço e entusiasmo. Portanto, formemos uma imagem, em nosso pensamento, como se a casa já estivesse realmente construída. Ali está ela, com gramados, árvores e flores a cercá-la. Quase podemos ouvir a chave girar na fechadura quando entramos. Os objetivos realizáveis são formados mentalmente antes de se concretizarem em fatos.

Havia um homem, na cidade de Nova Iorque, que foi motivado por uma das minhas palestras a continuar tratando de um negócio que desejara empreender, mas que demorava a encetar devido à hesitante sensação de que não conseguiria levá-lo a cabo. Uma vez encorajado a começar achou o trabalho longo e difícil. Era homem de caráter persistente e trabalhou por muito tempo, duramente, mas foi ficando cada vez mais evidente que começava a cansar-se e perder o entusiasmo.

Então, tivemos uma conversa na qual eu enfatizei o que Maxwell Maltz costumava chamar de "o princípio imaginativo". Sugeri que começasse imediatamente a ativar a imaginação, a imaginar resultados felizes, a ver seu negócio tendo um sucesso após o outro, e produzindo bons empreendimentos. O homem provou ser excelente estudante dos princípios da verdade científica, porque começou afirmando o melhor, visualizando o melhor, e depressa estava tendo o melhor após o melhor acontecendo em sua empresa comercial.

Reze, Visualize, Energize, Realize

Foi mais do que interessante, realmente foi inspirador ver aquele homem empregando técnicas de visualização que, ao lado de assídua atenção ao negócio e longas horas de trabalho, mais concentração, começaram a produzir resultados definitivos.

Ele se moveu com firmeza progressiva em direção de uma empresa vitoriosa, a partir de humildes princípios. Quando trouxe o negócio a um ponto em que era evidente a realização, explicou que uma fórmula de quatro pontos era responsável pelo sucesso. E essa fórmula era: 1. Reze; 2. Visualize; 3. Energize; 4. Realize.

Com essa curiosa explanação pretendia dizer, naturalmente, que tinha recebido orientação e força através da prece. Então, desenvolvera um quadro mental, ou imagem de seu empreendimento, como se já fosse um sucesso. Depois, deu ao trabalho enérgica e sustentada atividade. E, finalmente, sua experiência mais uma vez provou que imagens fortemente mantidas na percepção, quando amparadas pelo princípio do tentar vigorosamente aplicado, realmente irão concretizar-se em sólidos resultados. Ele pôde não só desenvolver motivação dinâmica, mas também manter a continuidade dessa motivação através das inúmeras dificuldades com que se defrontou.

O "reze, visualize, energize e realize" é um processo que exerce profundo poder na experiência do indivíduo que tem o bom senso de empregá-lo. Roy Burkhart viveu com esse princípio criativo, e foi esse o fator responsável pelos sucessos aparentemente incríveis que conheceu. Uma experiência pode servir como exemplo do estupendo sistema de pensamento que caracterizou sua vida notavelmente vitoriosa.

Certa ocasião ele iniciou uma campanha em sua cidade de Columbus, Ohio, para a organização chamada "Vizinhos do Mundo", da qual meu amigo John Peters é agora o chefe. A função dessa organização é dar assistência e atenção aos menos afortunados. Roy Burkhart preparou um enorme encontro no velho *Memorial Hall* de Columbus e convidou-me para fazer a palestra. Declarou, exultante, que estava imaginando uma notável afluência de vizinhos amistosos para aquela ocasião.

A sala fica repleta

Cheguei a Columbus mais ou menos às 2 horas da tarde no dia do encontro, sob um grande aguaceiro. A reunião estava com o início marcado para as 8 horas da noite. Céu carregado prometia chuva contínua e ela caía a cântaros quando passei apressado pelo caminho entre o avião e o aeroporto. Ali encontrei Roy, ostentando o mais entusiástico sorriso.

"Grande é ver você! — declarou, apertando-me a mão. "Muito bom ter você em Columbus. A sala está cheia, a sala está cheia!"

"Que quer dizer com "a sala está cheia?" — indaguei eu, estupefato. "Quer me dizer que um auditório de três mil lugares está cheio às 2 horas, num dia de chuva das de encharcar, para um encontro que só começará daqui a seis horas?"

"A sala está cheia" — repetiu ele. "Cheia até às galerias e tudo está pronto para uma formidável reunião."

Então compreendi. A sala estava cheia em sua mente. Ele fizera um quadro mental de uma sala repleta e de uma assistência entusiasta.

Às 7,45 horas eu chegava ao local, na *Broad Street,* sob tremendo temporal de chuva e vento. Meio encharcado, caminhei para o centro do palco, e que vi? Uma lotação completa, todos os lugares tomados, e gente de pé. Olhei para o rosto radiante de Roy. Surpreendido? De modo algum. Tinha imaginado aquilo, representado aquilo, visto aquilo de antemão.

Então compreendi que antes de aquele recinto ficar repleto ele já o estava na mente de um homem que havia rezado, visualizado e energizado, trabalhando muito e vendo seu trabalho concretizado num fato. Fiquei tão impressionado que desde aquele dia jamais cessei de me maravilhar com o estranho e mágico poder da "imaginação" que põe asas, poderosas e erguedoras asas, sob o princípio que diz: "tente-e-continue-tentando". Mesmo depois disso, quando qualquer dificuldade aparece, eu recordo Roy e "a sala está cheia". Assim, tornei-me mais apto a manter a continuidade do princípio positivo.

A técnica da visualização, para ter validez, depende de estudo extenso e cuidadoso, sobre a aplicação de atividade e esforço diligente. Sempre, contudo, deve haver nisso uma atitude mental de fé inteligente e positiva, se quisermos que as forças do sucesso sejam ativadas para um processo de realização. De todas essas forças, a mais básica e a mais poderosa é a da imaginação, ou o exercício da imagem viável e eficiente.

Visualize-se como um vencedor

Aconteceu no *Bellerive Country Club* em *St. Louis,* cena da competição do Campeonato Aberto de Golfe dos Estados Unidos. Afixados sobre o grande painel estavam os nomes dos grandes do golfe, todos vencedores de Campeonatos Abertos anteriores.

Um homem estava de pé, diante daquele painel com a lista de distintos ganhadores. O último nome era o de Ken Venturi que recebera o cobiçado prêmio no ano anterior. Havia um espaço aberto, reservado para o ainda desconhecido campeão de 1965. Mas o homem que fitava o painel, um golfista da África do Sul, viu um nome naquele espaço aberto. E o nome que viu era o seu próprio — Gary Player.

Já vencera o Campeonato Aberto da Inglaterra em 1959, o prestigioso Mestres de 1961 e a ambicionada taça PGA de 1962. Mas até então o Aberto Americano fora-lhe esquivo. Quando Gary Player entrou naquela compentição de astros, tornou-se o terceiro homem a ganhar o *"Grand Slan"* do golfe, os outros dois sendo Gene Sarazen e Ben Hogan, figuras imortais nos meios golfistas.

Em seu impressionante livro, cujo primeiro capítulo é chamado "Visualize a Vitória", Gary diz: "Eu vi algo que ninguém mais podia ver..." E escreve:

Durante toda a semana eu estivera lendo e estudando "O Poder do Pensamento Positivo", de Norman Vincent Peale, e o que ele tinha a dizer pareceu-me ter muito sentido. Suas palavras: "Visualize-se como vencedor" ficaram profundamente gravadas em minha mente. Esse tinha sido o meu plano por muitos anos, mas agora as técnicas para visualizar um objetivo emergiam de forma concreta.

A despeito do calor intenso, joguei muito bem. Depois de quinze buracos a minha liderança sobre Kel Nagle aumentara até três batidas. Lembro-me de caminhar para o 15.º *farway* (1) com o Sr. Hardin, da Associação de Golfe dos Estados Unidos, e de ter ouvido dele: "Bem, você tem tudo fechado." E recordo ter respondido: "Não, não pode dizer isso enquanto o último golpe curto não por dado." E eu tinha muita razão. Meu bastão-4, no 16, saindo do *tee* (2) foi direito contra um obstáculo. Aquilo parecia coisa para deflagrar um desastre, e antes de terminar o *hole* (3) eu tinha levado um duplo *bogey* (4). E, para piorar as coisas, quando eu saía do *green* (5), o *walkie-talkie* (6) esgoelava a notícia de que Nagle havia *birdied* (7) o 17. Minhas três batidas de vantagem lá se tinham ido e agora estávamos no mesmo nível. O calor continuava e bem que eu o sentia. Mas, quando me concentrei, o lado positivo da minha mente prevaleceu. Eu precisava ter um *par* (8) no 18 para ficar acertado com Kel, mas um *birdie* iria dar-me a batida da vantagem necessária para vencer. Por que não tentar? O 18.º em Bellerive é um *par*-4 duro — árvores à esquerda, à direita terreno fora de área. Minha batida alcançou excelente posição no lado direito do *fairway* e uma segunda batida foi ter ao *green*, apenas a 5 metros do buraco. Então veio o grande momento da verdade. Depois de estudar os *greens*, assinalei cuidadosamente o *putt* (9), e então... ela moveu-se em linha direta para o buraco, mas parou a uma fração de menos. Na verdade o golfe é um jogo de polegadas, mas aquilo não parecia real.

Notas da tradutora:

(1) FAIRWAY — Parte do campo coberta por grama rala.

(2) TEE — Ponto de onde o jogador faz a primeira batida, ou dispositivo de topo côncavo para a bola.

(3) HOLE — Pequeno orifício onde deve alojar-se a bola, ou uma das 9 ou 18 divisões de um campo de golfe.

(4) BOGEY — Uma batida sobre *par* em um *hole*.

(5) GREEN — Área de grama bem rala onde ficam os orifícios que devem receber a bola.

(6) WALKIE-TALKIE — Dispositivo para enviar e receber a fala entre determinadas distâncias.

(7) BIRDIED — Uma batida sobre *par* para qualquer *hole*.

(8) PAR — Número de batidas necessárias para um *hole*.

(9) PUTT — Golpe leve dado no *putting-green*, no esforço de levar a bola ao *hole*. O *putting-green* é a área do fim de um *fairway* que tem a grama ainda mais aparada que no resto do campo.

Minha leve batida assegurou-me igualdade de pontos com Nagle no 282 — duas batidas acima do *par* e seguimos para os 18 buracos finalistas do campeonato, no dia seguinte. *Visualize-se como vencedor?* Eu ainda fazia isso, mas precisava esperar. Fui para o jogo do dia seguinte sentindo-me bem e batendo bem. Depois de quatro buracos eu estava à frente de Nagle por uma batida. A pressão que ele sentia ao preparar-se para o início do número 5 deve ter sido tremenda, porque houve desastre. O arremesso de Kel fez mal o arco e bateu na cabeça de uma espectadora. O sangue correu do seu couro cabeludo e a mulher caiu desmaiada. Tentei tranqüilizar Kel: "Não se deixe impressionar." Mas, obviamente nervoso e assustado, tentou de novo a bola e dessa vez atingiu um cortador de grama que ricocheteou e foi bater no tornozelo de outra mulher. Os treze buracos remanescentes passaram sem grande excitação, se os compararmos ao número 5.

Os resultados, depois de dezoito buracos: Player, 71; Nagle, 74. O Aberto dos Estados Unidos, o maior campeonato de golfe da América, era meu... todo meu. Nenhum jogador estrangeiro o vencera desde que Ted Ray obtivera o título, em 1920 — quarenta anos antes.

Com aquela vitória eu alcançara o nível de Gene Sarazen e Ben Hogan. Agora havia três membros do *Grande Slam Club,* nimbado de ouro... e eu era um deles. Aquele tinha de ser o momento mais feliz da minha vida.

Assim, o nome de Gary Player subiu para aquele painel de liderança onde o campeão o visualizara. O que ele visualizara realizou-se. Mas, naturalmente, toda essa espetacular realização não estava limitada à prática mental. Player trabalha. Sempre trabalhou, lutando constantemente para aperfeiçoar sua batida, sua postura, todo o seu desempenho. Há alguns anos, estando em seu país — tentei encontrar Gary Player, que estava ali naquela ocasião, mas não o encontrei ao telefonar. Na manhã seguinte, muito cedo, talvez às 7,30 h, chamei de novo, do aeroporto, e soube que ele saíra fazia uma hora. E para quê? Bem, para treinar, naturalmente. Sempre trabalhando para melhorar, sempre lutando pelo melhor, o grande golfista do *Grand Slam* tinha o respaldo realista sobre o qual realizar o extraordinário poder de visualização.

Agindo também, na experiência daquele grande atleta, está um poder que tem produzido maravilhas em sua longa e notável carreira.

"Fé" — diz ele — "é a força mais dinâmica e energizante de minha vida, fé em Deus, fé nas outras pessoas, fé em mim mesmo. Para mim, pelo menos, as três são inseparáveis."

Em todas as lutas e vicissitudes da intensa competição, Gary Player jàmais perdeu a inspiração, assim como não perdeu a motivação nem a capacidade de manter, sempre, a continuidade do princípio positivo.

O método do esforço sem tensão

O tipo de tentativa que obtém maravilhas deve envolver, também, uma atitude sem tensão em relação ao esforço quando ele é indicado. São muitíssimas as pessoas conscienciosas e sinceras que expendem toda a energia tentando arduamente, e ainda mais arduamente, obter seus objetivos. Mas levam suas energias, afinal, ao ponto de se romperem sem que atinjam as metas pelas quais despenderam cada parcela de força.

Tornam-se vítimas de excessiva pressão e, assim, de excessiva fadiga. O problema, nessas circunstâncias, é empregar o método de tentativa sem tensão, a abordagem "devagar, com calma". Isso consiste em romper deliberadamente o esforço constante e inabalável, a obstinada força de vontade, a impulssionadora persistência, com uma redução da carga tensional.

Há perigo na rigidez de pressão ou na insistência de tentar com demasiado ardor. O fluxo criativo, vital para se fazer bem qualquer coisa, com competência, pode ser sufocado. O resultado é não se poder trabalhar nem realizar o que quer que seja eficazmente.

Lembro-me de um lindo dia de inverno no campo, em nossa fazenda de *Quaker Hill,* quando eu trabalhava concentradamente num artigo cujo prazo derradeiro se aproximava, exigindo rapidez imediata. De pé, no início da madrugada, e tendo começado o trabalho bem antes do desjejum, trabalhei naquilo com a determinação de terminá-lo ao meio-dia para alcançar o correio da tarde. Era um horário bem violento, e eu não toleraria qualquer desvio da atenção.

"Você pode fazer qualquer coisa se trabalhar e continuar trabalhando, se tentar e não deixar de tentar" — dizia eu para mim mesmo, enquanto trabalhava. Tudo foi bem por algum tempo e progresso definido ia sendo feito. As palavras pareciam marchar como soldados, em linhas ordenadas. Havia um fluir rítmico de idéias, e, no todo, a coisa parecia ir tomando jeito para se tornar um bonito trabalho. "Rapaz" — exultei — "vou acabar com isto bem em cima da hora." Mas, como acontece muitas vezes, o orgulho cresce antes da queda. A inspiração desapareceu de repente e foi preciso redobrar de esforço para mantê-la. Bombeei minhas murchas energias, mas tive que acabar por admitir que estagnara. As idéias já não fluíam, as palavras se misturavam. As frases tornaram-se difíceis, enoveladas e realmente desajeitadas.

Finalmente, atirei meu lápis à mesa, levantei-me, caminhei pelo aposento e sentei-me de novo, com firmeza. "Vou me agarrar a isto e terminá-lo. Passarei aqui o dia inteiro, se for necessário, mas vou terminar este trabalho" — resmunguei. Mas não adiantou. A inspiração fugira, e o que havia começado tão espetacularmente emperrara agora: uma parada sem inspiração, melancólica.

Olhando pela janela para a paisagem recoberta de neve, vi as colinas embranquecidas recortadas contra um céu azul claro. Flocos de neve pendiam dos pinheiros, como bolas de algodão. Por toda parte a neve faiscava como miríades de brilhantes atirados em derredor por mão gigantesca. Era um daqueles dias frios, claros como cristal, perfeito dia de inverno.

"Que estou fazendo" — perguntei agradavelmente a mim próprio — "encerrado nesta casa, escravizando a minha vida, quando podia estar lá fora, divertindo-me?"

Uma queda no rio

Empurrando os papéis para um lado com um imponente "para o beleléu com isto", vesti um casaco de couro, um gorro de peles, luvas quentes e saí pela porta da cozinha. Ali estava meu cão, o enorme Tonka, pronto para uma excursão. Tonka e eu caminhamos através do gramado no qual a neve tinha 30 cm de espessura, descemos pelo vale, cruzamos um prado, chegando a suar apesar dos 15 graus, de tanto que lutávamos para andar sobre a espessa camada de neve.

Nos bosques, os escuros troncos das árvores pareciam hirtos contra a brancura faiscante. Tonka e eu paramos para ouvir a canção do vento que, estranhamente, não interferia com a profunda quietude. Com a língua pendurada, o cão olhava e ouvia. E, com a língua quase pendurada, eu fazia o mesmo.

Então, continuamos a andar, passando pelo velho estábulo vermelho, imenso, o mais velho e o maior de *Dutchess*

County, até que chegamos junto do pequeno rio que espadana, formando nossa cascata de quatro andares, vindo de sua nascente alta, nas colinas de Connecticut. Talvez fosse mais um riacho do que um rio, realmente um "riachinho", como o chamávamos quando eu era um garoto, em Ohio. Seja como for, estava cheio até o nível maior e recoberto de gelo. Vi Tonka passar facilmente por sobre o gelo para chegar a um lugar longe da margem, onde havia um ponto de água clara, da qual ele se pôs a beber com evidente satisfação. Invejei-o, porque a água parecia boa, refrigerada, mas, tendo lido muitas histórias sobre águas poluídas, sofri a minha sede.

Tonka, que deve pesar cerca de 80 quilos, parecia entender-se tão bem com o gelo que eu decidi segui-lo, cruzando o rio. Descobri, porém, que deve haver uma diferença entre 1,20 e 2 m, porque a meio do caminho o gelo partiu-se depositando-me em aproximadamente 90 cm de água gelada. Lutando para voltar à margem, patinhei 2,5 km através da grossa camada de neve, e subi pela colina, seguido todo o tempo pelo leal e solidário Tonka.

Embora o exercício me aquecesse, tomei a precaução de envolver-me num roupão de banho, diante de uma lareira onde o fogo resplandecia, enquanto bebia um vasto copo de limonada quase fervente.

"Você acaba morrendo de frio" — avisou Ruth. E eu tive visões de uma pneumonia dando fim à minha carreira "literária".

Subitamente, porém, como que um relâmpago faiscou em minha cabeça — a idéia atrás da qual eu havia corrido inutilmente. Os pensamentos começaram a fluir de minha mente como aquele riacho dentro do qual eu caíra. Correndo de volta ao escritório, pus as palavras no papel tão depressa que o artigo ficou pronto antes do almoço, e às quatro horas já havia sido datilografado e posto no correio.

Não quero insinuar que é possível agir melhor, quando o trabalho não é produtivo, saindo para fora e caindo num rio, especialmente quando ele corre gelado. Mas é um fato que a sensatez recomenda um recuo quanto ao excesso de pressão, um desvio do esforço excessivo. Tentar brandamente, combinação de esforço e queda de tensão, restaura o equilíbrio certo do pensamento e permite, assim, que conceitos e expressões fluam livremente outra vez. De fato, isso pode restaurar a correlação físico-mental da pessoa e, conseqüentemente, obter a recaptura da eficiência que a intensa solicitação pode ter obstruído.

Drama numa Série Mundial

Um velho amigo era famoso astro como *pitcher* (1), há alguns anos, quandos os *Dodgers* estavam em Brooklyn. Carl Erskine bateu um recorde que se manteve por muitos anos. Muitas vezes conversei com Carl sobre o relacionamento entre o tentar árduo e o perigo do excesso de pressão, já que tendemos a nos tornar tensos, quando pressionados. Ele fazia sentir a importância da capacidade mental para "retirar-se em pensamento" momentaneamente para uma atmosfera de calma, mesmo enquanto um jogo duro se estava realizando.

Falou-me de uma ocasião, em dia extremamente quente, quando a pressão aumentou e ele ficou muito cansado. Caminhando pela elevação reservada ao *pitcher,* apanhando terra com as mãos e limpando-as nas calças, começou a recordar-se de uma enevoada manhã em que ele e outro *pitcher* estavam pescando, e do outro lado da água veio o som de cânticos de um serviço religioso matinal. O canto era o de um velho hino de paz e quietude. Nos poucos segundos dessa "viagem da memória", Carl recuperou a força e a firmeza, e jogou com energia de sobra.

De outra vez corria no quinto turno do quinto jogo da Série Mundial, e Carl Erskine estava sobre a elevação dos *Brooklyn Dodgers.* Realizava-se, naquele mesmo dia, o quinto aniversário de casamento de Carl e Betty. Carl estava jogando bem, conseguira uma vantagem de quatro corridas e a contagem era de 4-0 a favor dos *Dodgers.* Talvez o *pitcher* estivesse tentando com demasiado ardor e excesso de pressão, e o resultado disso é, muitas vezes, comprometer o ritmo do jogador. Fosse qual fosse a causa, o time oponente começou, subitamente, a entrosar-se com a bola, e duas corridas se realizaram com dois homens na *base.* Tomado de tensão Carl arremessou uma bola rápida diretamente sobre o *home-plate* (2)

---

(1) PITCHER — Lançador, arremessador.

(2) HOME-PLATE — Placa forte de borracha de onde o jogador faz seu lance. (N. T.)

do próximo *batter,* que prontamente enviou-o para um *home--run* (1). Isso levou os *Yankees* para a frente: 5-4.

Na barulheira que se seguiu, o treinador do Brooklyn, Charles Dressen, um dos grandes treinadores e estudioso da natureza humana, caminhou vagarosamente do *dug-out* (2) para a elevação do *pitcher,* onde Carl esperava, bastante dasalentado. Dressen tomou a bola de Carl, atirou-a para o ar um par de vezes, deu ligeiros pontapés na poeira, e então disse, surpreendentemente:

"Carl, não é hoje o dia do quinto aniversário de seu casamento?"

Estupefato, Carl respondeu:

"Sim, Sr. Dressen, é o nosso quinto aniversário."

"Bem" — continuou Dressen — "não vai levar Betty para jantar fora, hoje?"

Penso que todos nós já cogitamos no que pode estar sendo dito nessas dramáticas conversas entre o *pitcher* e o treinador, no momentos críticos de um jogo de *baseball.* O próprio Carl estava atônito. Olhou em torno, para o grande estádio lotado com setenta mil pessoas, fãs excitados, e ali estava seu treinador dizendo a Carl que levasse a esposa para jantar fora naquela noite, comemorando o quinto aniversário de casamento.

"Sim, Sr. Dressen, vou levar Betty para jantar fora esta noite, a fim de festejar a data."

Dressen devolveu a bola a Carl.

"Você é o meu homem, Carl. Termine este jogo antes que escureça."

Nos seis turnos que se seguiram naquele jogo da Série Mundial, dezenove jogadores do outro time vieram bater, mas nenhum deles alcançou a primeira *base.* Os Dodgers tiveram mais duas corridas e o jogo terminou com a vitória de Erskine, pela contagem de 6-5.

Dressen sabia o que estava fazendo. Com refinada compreensão, fé e psicologia, fortaleceu o *pitcher* que estava tentando tão arduamente, portanto pressionado. Esse hábil trei-

---

(1) HOME-RUN — batida que capacita o jogador a fazer um circuito completo das bases e marcar uma corrida.

(2) DUG-OUT — Abrigo rebaixado diante da quadra de *baseball* onde fica o banco dos jogadores.

nador sabia que o *pitcher* teria a capacidade e o controle para vencer aquele jogo, se pudesse afrouxar-lhe a tensão.

Isso ele fez, usando um método simples, humano, mas extraordinariamente hábil. Empregou a singeleza e a nostalgia de um relacionamento amoroso, de forma a afastar a tensão e restaurar um calmo e poderoso controle. Renovou em Carl o poder de manter a continuidade, mesmo sob pressão.

Deixe que Deus o ajude a tentar

Recebi de uma de minhas leitoras, Dorothy Sheckels, um belo tapete de parede feito à mão. É um trabalho delicado, feito por uma mulher que passou por muitos distúrbios, inclusive má saúde. Ela tentava sempre ter uma vida melhor e mais útil. Depois de um longo período de circunstâncias frustradoras, voltou-se para Deus, dizendo: "Bem, meu Deus, se não pode mudar-me, use-me tal como sou."

Veio-lhe a idéia de bordar para a família e os amigos, e, fazendo isso, tornou-se uma especialista. Então, alguém pediu-lhe para fazer um tapete, e a sua primeira reação foi que não lhe seria possível fazer nada assim tão difícil. Mas estudou, tentou, e tentou mais. Aprendera a deixar Deus ajudá-la e, conseqüentemente, adiantou-se de maneira espantosa em sua arte. E, com isso, todo o seu estilo e forma de vida melhoraram.

Cito esse caso porque o tapete que me foi enviado expressa um irresistível pensamento de sutil sensatez — não tente fazer isso sozinha, deixe que Deus o faça por seu intermédio. O tapete lindamente feito diz em seu ponto de agulha:

> "Tem confiança no Senhor de todo o teu coração,
> e não te estribes na tua prudência.
> Traze-O no pensamento em todos os teus caminhos
> e Ele mesmo dirigirá teus passos."
>
> Provérbios, III: 5,6

Essa mulher, em circunstâncias menos espetaculares do que a dos esportistas anteriormente citados, e no ambiente comum de vida onde a maioria de nós está situada, aprendeu um alto segredo, isto é: "Não tente com demasiado ardor, deixe que Deus o ajude."

Quando essa atitude é assumida, o resultado se revela, inevitavelmente, como inspirada orientação e sob a forma de novas intuições. Edison tinha um dístico em seu laboratório, que dizia: "Há uma forma melhor de fazer o que está fazendo: descubra-a."

Essa forma melhor é com freqüência bloqueada pelas atitudes tensas e rígidas. As intuições necessárias não podem vencer o bloqueio. Em nossa percepção há sempre idéias que podem modificar nossa vida e melhorar grandemente nosso desempenho. A melhor forma que jamais encontrei para dar início ao fluxo dessas idéias foi através da fé. Deixar que Deus, que nos fez, nos refaça, normalizando toda a nossa personalidade. Então as coisas realmente começam a acontecer.

Conforme disse certa pessoa: "Descobri que não podia fazer muito bem o que desejava, mas quando tomei Deus para sócio Ele e eu trabalhamos muito bem, realmente."

Podemos realizar maravilhas se quisermos tentar e se acreditarmos, mantendo a continuidade.

Este capítulo enfatizou os seguintes pontos importantes:

1. Não saberemos que grandes coisas poderemos fazer enquanto não tentarmos — realmente tentarmos.
2. Agarremo-nos, prendamo-nos, martelemos, continuemos.
3. O tentar, como processo contínuo sustentado em alto nível, é um ganhador viável de objetivos.
4. Usemos o espantoso poder da imaginação, a técnica criadora da imagem, para que o tentar seja mais eficaz.
5. Rezemos, visualizemos, energizemos, realizemos.
6. Façamos o quadro do nosso objetivo: "Vejamos" esse quadro claramente, como se já estivesse em processo de formação, já se tornando um fato.
7. Pratiquemos, até que cheguemos a alcançar o descansado princípio de tentar.
8. Quando o tentar deixar-nos estagnados, desviemos a mente, quebremos o esforço. As idéias começarão de novo a fluir.
9. Deixemos que Deus nos ajude a tentar. Os peritos são feitos dessa forma.
10. Mantenhamos sempre a continuidade do princípio positivo.

OITAVA FORMA DE MANTER A CONTINUIDADE DO PRINCÍPIO POSITIVO

Como reagir criativamente diante de situações adversas

"Todos têm dentro de si próprios — como direi isso? — alguma boa notícia." Reparei nessa surpreendente e profunda declaração emoldurada numa parede de bonita casa nas Bermudas. Com o comandante Geoffrey Kitson, dono da casa, discuti o significado daquelas palavras tão provocadoras. Concordamos em que cada qual tem uma grande e boa notícia no fundo de si mesmo. Essa boa notícia é o fato de que, com o auxílio de Deus, teremos o que é necessário para enfrentar todas as situações adversas, reagindo criativamente.

Assim, se, enquanto o leitor estiver lendo este livro, alguma situação adversa desafia-o, a mensagem para ele, alta e clara, será a de que ele poderá tratar com ela, e com eficiência. E se tal situação o desgastou, e talvez tenha esgotado seu suprimento de fé, que busque novamente o princípio positivo, e que dessa vez mantenha a continuidade.

Novo suprimento de autocrença e de fé em Deus o manterá seguindo com coragem aumentada. Novas intuições e forte domínio da situação surgem, por mais complexa e difícil que tal situação possa parecer. Usamos a expressão "possa parecer" porque, geralmente, a solução de qualquer problema, bom ou não, depende de como ele nos parece ser. A maioria das soluções, de início, são determinadas pela nossa maneira mental de ver. Portanto, tomemos uma visão forte e positiva do até então adverso problema, e apliquemos o princípio positivo para reagir criativamente.

Antes de mais nada, consideremos uma situação que parece surgir periodicamente, e na qual muitas pessoas, durante recessões econômicas ou ajustamentos de negócios, podem encontrar-se sem emprego remunerado. Essa é uma situação que, naturalmente, pode ser muitíssimo adversa. Dificilmente alguém expressaria esse problema de maneira mais patética, no último período da recessão, do que um pai de nove filhos, quando escreveu o que vem reproduzido por um jornal:

Sem trabalho e apavorado

> Deixem-me contar-lhes o que isso representa para um sujeito de 52 anos e sem emprego.
>
> Como executivo de uma das 500 maiores companhias americanas, recentemente despedido, expedi mais de 150 cópias de meu currículo. Menos de 10% obtiveram respostas de algum tipo. Cinco por cento pediam informações adicionais e quatro por cento resultaram em entrevistas pessoais.
>
> Nenhuma resultou em emprego.
>
> Como veterano que fui da Segunda Guerra Mundial no Pacífico Sul, tinha tido alguma experiência quanto ao medo e quanto à forma pela qual os homens o encaram. Sei que não sou mais medroso do que qualquer outro, mas ter 52 anos e estar desempregado é coisa que apavora, o pavor penetrando até à medula dos ossos. O dia começa com ele e termina com ele. Ele é penetrante e difuso. Ele é paralisante, ele alarma a mente.
>
> As coisas que a gente sempre teve na conta de naturais, desmoronam. Já não se pode manter o seguro hospitalar e pela primeira vez, em 28 anos, nos vemos, com a nossa família, sem proteção contra emergências médicas. Não se pode fazer os pagamentos referentes ao seguro de vida. O banco que financiou a compra da nossa casa avisa que está considerando a execução da dívida. As contas das utilidades já se atrasaram e os serviços indispensáveis estão sendo mantidos apenas através de pagamentos parciais, sabendo-se que o tempo vai correndo.
>
> É dizer a um ótimo filho de 14 anos que não se tem as cinco pratas que lhe são devidas por um excelente boletim escolar que apresentou.
>
> É passar na rua pelos negociantes locais e sentir-se embaraçado, cogitando em quando será possível pagar o que se lhes deve.
>
> É sentir a desintegração de sua confiança como homem, e da capacidade de proteger a família do desastre econômico.
>
> É invejar quem tem um emprego, qualquer emprego.
>
> É ver a dúvida no rosto dos filhos sobre o que está acontecendo em sua casa, quando tantos de seus amigos nada sofrem.
>
> É acrescentar esmagadora dimensão às naturais autodúvidas que são parte do processo de envelhecer.

> É ficar de pé, silencioso, nas filas de desempregados, com outros que são excedentes da força de trabalho da América, esperando para assinar o recibo do seu cheque de desemprego.
>
> É saber que tal é a vizinhança, às 10,30 h de uma manhã de terça-feira.
>
> É envergonhar-se de atender ao telefone nessa mesma hora.
>
> E à noite, quando a casa fica silenciosa e a gente apaga a luz do quarto de dormir, é ficar sozinho, sozinho como jamais se esteve antes. Ficar ali deitado, olhando para o escuro e pensando se não se irá perder a casa pela qual se trabalhou toda a vida, a casa que representa o único valor que foi possível acumular em 30 anos de trabalho e de criação de uma família. E, finalmente, é ficar deitado, insone, à espera da madrugada de um novo dia.

Sem considerar a questão das condições econômicas que permitem a ocorrência de tais tragédias em nosso sociedade, nossa argumentação, aqui, limita-se ao problema de como uma pessoa pode reagir criativamente ao tratar com situação de tal modo adversa.

Talvez o primeiro passo seja fazer lembrar à pessoa visada que ela ainda possui, dentro de si própria, "uma boa notícia", e que, assim, há uma resposta, uma solução que pode ser encontrada. Dessa maneira o processo básico é iniciar, e resolutamente continuar, uma assertiva de que o caso não é sob nenhum aspecto, desesperador. A assertiva deve conter afirmação positiva, constantemente repetida. Talvez a fórmula seguinte possa servir como orientação:

"Com o auxílio e a orientação de Deus eu posso obter uma solução criativa para este caso, e agora estou tratando dessa solução."

Essa afirmativa deve ser repetida, até que por um processo de osmose intelectual a idéia passe para o inconsciente e seja aceita como um fato. Imediatamente, então, forças positivas passarão a operar, produzindo a concretização do que foi afirmado. É preciso lembrar que a afirmação negativa também é muito poderosa, e, se afirmarmos e continuarmos a afirmar resultados fracassados, a mente funcionará da mesma maneira para concretizar esse padrão de fracasso.

Portanto, o primeiro passo é desenvolver a consciência do nosso inerente poder criativo, capaz de construir; o segundo é afirmar positivamente que esses resultados vitoriosos não só são possíveis, mas que também estão operando "agora", poderosa e criativamente em nossa percepção, e vão se materializando "agora".

Calma! Não entre em pânico

Um terceiro passo no trato de situação adversa é não nos aquecermos com ela, antes nos mantermos frios, calmos, resistindo ao pânico sob todas as formas. É tão importante esse processo que seria mais próprio que figurasse como o número um. Mas seja um, dois, ou três, é absolutamente vital que nunca, nunca, *nunca* entremos em pânico quando enfrentamos uma situação adversa. Tenho bastante consciência de que não é fácil evitar o pânico — muito ao contrário. A tendência, em tempo de dificuldades e crises, é, sempre, a de reagir emocionalmente, e o processo de arrefecimento mental requer forte disciplina, que não é facilmente aplicável quando a mente está agitada, alarmada, amargurada, encolerizada, ou de qualquer outra forma emocionalmente condicionada.

Contudo, em todas as ocasiões precisamos estar sensitivamente conscientes de que a mente humana não pode funcionar em melhor condição quando está aquecida, como acontece quando uma supercarga de emoções a assalta. Só quando a mente está fria — melhor ainda, muito fria — poderá correlacionar-se com um funcionamento bem organizado, desimpedido. Só então ela produzirá aquelas intuições desapaixonadas, racionais e objetivas que trazem soluções.

Quando enfrentamos uma situação adversa, o objetivo deve ser tão coletado mentalmente quanto possível, pois para nos ocuparmos de tal situação é necessário que possamos pensar, realmente, e só é possível pensar com verdadeira eficiência quando as emoções ficam sob estrito controle.

Um homem que passou por uma difícil experiência de desemprego (e eu me lembrei dele quando li o trecho de jornal reproduzido acima) contou-me sobre uma fórmula vitoriosa que usava para arrefecer a mente, para dominar a emoção. Essa fórmula ajudava inestimavelmente a maximizar a capacidade de pensar e, portanto, a de agir construtivamente. Sua fórmula, ou método, era "passar através da mente" declarações tais como a seguinte:

"Tu conservarás em perfeita paz aqueles cuja mente repousa em Ti" (Isaías, 26:3). E: "Vinde a mim... e eu vos aliviarei" (Mateus, 11: 28). E ainda outra: "A vossa fortaleza estará no silêncio e na esperança" (Isaías, 30: 15).

Ele era um tipo muito inteligente do ponto de vista da cultura mental, pois que lhe era possível reconstruir ou recordar as cenas mais tranqüilas e pacíficas que testemunhara. Os exemplos eram uma ponte coberta em Vermont, num colorido dia de agosto, e uma praia remota na costa do Maine, onde passava os verões em acampamento, quando menino. Essa prática de "memorizar paz", conforme ele dizia, parecia exercer efeito salutar na retirada do calor em seu pensamento, fazendo-o mais apto para considerar assuntos permanentes objetiva e desapaixonadamente. Quando temos possibilidade de pensar de forma tão equilibrada, nossa chance aumenta muito para a captação de intuições criativas e de idéias que nos ajudam a sair de nossas dificuldades.

A pessoa que entra em pânico por causa do que vê como situação desesperadora talvez se mostre impaciente com essa metodologia científica antipânico, tal como a descrevemos.

"Você não sabe qual é a minha situação, você não pode realmente entender" — ela pode declarar, encolerizada. E essa reação é compreensível e merece indulgência. Contudo, mesmo assim considerada, tal atitude não pode ser válida, porque muitas pessoas que desenvolveram o princípio positivo para ajudá-las em situações adversas não entraram em pânico, mas, ao contrário, agiram inteligentemente e de forma controlada.

O braço cortado do piloto

A terrível experiência de Brian Steed vem-me à lembrança. Se houve quem enfrentasse uma situação adversa foi esse piloto de regiões desabitadas, que operava um avião flutuante leve, em áreas isoladas. Uma companhia o havia mandado investigar um lago do sertão como possível base de suprimento. Ele descera no lago sem dificuldade, mas, quando enfrentava o vento para a decolagem, seu boné, com um sopro mais forte, caiu na água. Era o seu favorito e ele não quis perdê-lo. Assim, voltou o avião para junto do boné, que flutuava, e afogou o motor para diminuir a velocidade. Descendo para o flutuante, a fim de agarrar o boné, que balouçava na água, um leve jogo fê-lo perder o equilíbrio. Seu pé escorregou e ele tombou para a frente, contra a hélice.

Brian Steed sentiu uma pancada no ombro e, logo, viu-se debatendo-se na água. Não se sentiu ferido e concluiu que, provavelmente, havia batido contra uma das escoras. O braço direito, porém, não parecia muito bem, e ele nadou com o esquerdo. Então, ao tentar subir de novo para o avião, descobriu, para seu horror, que o braço direito tinha sido completamente decepado pela hélice em movimento e que seu ombro sangrava profusamente.

Imediatamente percebeu que, a não ser que algo pudesse ser feito rapidamente, ele, com certeza, sangraria até morrer. Então veio-lhe o pensamento de que talvez a morte fosse desejável: de que maneira viveria sem o braço direito? Mas esse pensamento depressa passou ao lembrar-se da esposa e dos filhos. Estava ficando cada vez mais próximo da perda dos sentidos, o sangue a correr do coto do ombro. Ali havia, realmente, uma razão para o pânico — o braço direito cortado, forte sangramento, e ele só, naquele sertão, longe de qualquer socorro.

Por que não há pânico numa tal crise? Eis a resposta! Aquele piloto de regiões desabitadas era homem dotado de poderosa fé — e real fé. Sabia que um socorro-além-do-socorro-humano tinha de ser encontrado. Reuniu forças para subir à cabina. Aquele Auxiliar mostrou-lhe como aplicar, com uma só mão, um torniquete improvisado para estancar o fluxo de sangue que vinha do ombro. Acelerou o motor para saída e voou, sem tendência para desmaiar, a um acampamento de base onde foi socorrido por dois amigos que o levaram de avião para um hospital.

"Muitas foram as pessoas a me dizer que a maioria dos pilotos de regiões desabitadas teria entrado em pânico se estivesse na minha situação. Talvez isso acontecesse também comigo, se eu não soubesse da verdade contida nestas palavras: 'Deus é o nosso refúgio e força, auxílio sempre muito presente na atribulação.' "

Evidente que aquele Auxiliar estava presente quando a desgraça caiu sobre ele. Qualquer um pode entrar em pânico, mas as pessoas são capazes de tratar com o pânico e, assim, enfrentar criativamente as situações adversas, não importa quão terríveis possam ser.

Ele resolveu um problema de desemprego

Pensando naquele homem de 52 anos, cujas palavras comoventes foram incluídas no capítulo anterior, recordo um fato similar, passado há alguns anos. Este capítulo está sendo escrito em *Mountain View House,* nas *White Mountains,* um belo hotel do qual é proprietário nosso velho amigo Schuyler Dodge, e ao qual nossa família tem vindo há muitos anos. A casa volta-se para o espetacular *Presidential Range,* em *New Hampshire.* Aqui, há uns vinte anos atrás, recebi um chamado telefônico interurbano de um homem muito perturbado. Foi logo após a publicação de "O Poder do Pensamento Positivo", e aquele homem, tendo lido o livro, sentiu-se fortemente compelido a falar comigo. Eu não o conhecia e, assim, nada sabia a seu respeito.

Enquanto ouvia o seu relato de emprego perdido e inúteis esforços para encontrar nova posição, ocorreu-me que se o deixasse falar, talvez o problema apresentasse sua própria solução, como acontece com freqüência. Aquele homem tinha uma grande — e desejável — capacidade para apresentar um problema de maneira organizada, o que indica, é óbvio, qualidade exata da mente. De forma alguma era negativo, queixoso ou amargo, embora, como é compreensível, parecesse perturbado por não ter conseguido fazer um relacionamento comercial, particularmente pelo fato de suas economias estarem praticamente exauridas. O senso de ansiedade traía-se em sua conversa, mas era controlado, não sem esforço, estava claro.

Finalmente, eu disse: "Veja, o senhor não tem uma resposta para o problema, e eu também não a tenho. Assim, sugiro que apelemos para um Consultor, Um cujo conhecimento é de altíssima qualidade, e passemos o assunto diretamente a Ele. Então, deixemos que Ele mostre o caminho."

Ele imediatamente captou o significado dessa sugestão, e disse:

"Está bem. O senhor fale com Ele por nós dois."

Dessa forma, então, e ali, pelo telefone, separado do meu interlocutor por mais de mil milhas, fiz uma petição solicitando a orientação necessária. Na suposição de que em algum lugar devia haver um emprego para aquele homem, pedi que houvesse um encontro entre os dois. Disse ao homem que me desse notícias e fiquei bastante surpreendido ao ouvi-lo responder:

"Tenho uma estranha, mas forte impressão, de que algo vai acontecer, e logo. Muito obrigado."

Então, o princípio positivo começou a trabalhar para produzir um resultado inteligente.

Talvez três semanas mais tarde, recebi um telefonema daquele homem, em meu escritório de Nova Iorque. Tinha arranjado lugar num restaurante, tipo de ocupação totalmente diferente de tudo quanto havia imaginado. Não ganhava tanto quanto em seu trabalho anterior, mas o bastante para se manter. E deve ter ido muito bem naquele novo negócio, porque mais tarde comprou dois restaurantes, que dirigiu com sucesso até à morte, uns dezessete anos depois.

Quando lhe perguntei como aquela oportunidade de trabalho aparecera, respondeu: "Foi uma coisa engraçada. Eu estava comendo naquele restaurante e, sem qualquer objetivo, pus-me a pensar que o negócio parecia bem administrado. Não era lugar caro, mas tudo se apresentava correto e limpo e era dirigido, obviamente, por uma pessoa da imaginação. Senti, subitamente, forte sensação de que gostaria de trabalhar para aquela gente." Ele hesitou. "Foi como estar em casa, como se eu estivesse destinado a estar ali, por assim dizer. Assim, pagando a minha nota, pedi se podia falar com o gerente.

"Era um homem amistoso e percebi que estava avaliando-me. Aquela conversação foi mais do que algo perfunctório. Finalmente, ele disse: "Bem, é engraçado, mas talvez aconteça o senhor ter aparecido no momento certo. Acabo de perder o homem que era meu braço direito, e que morreu há dez dias. Tenho tentado tratar de tudo pessoalmente, desde então. Mas fico perdido sem o Ralph, porque ele sempre parecia saber o que devia ser feito, estava sempre senhor de tudo. O senhor entende alguma coisa desde negócio?" — perguntou.

Eu tinha de ser correto com ele. "Nada, a não ser os princípios gerais de comércio" — disse eu. "Mas seu restaurante parece ter — que nome darei a isso? — um espírito. É diferente e imaginativo. Penso que a forma de dirigir um restaurante é dar boa comida às pessoas, num ambiente agradável e a preços razoáveis, tendo lucros também razoáveis no investimento."

O dono da casa sorriu. "Nada mau, nada mau!" E continuou: "Estive esperando que o homem certo aparecesse."

(Muito mais tarde, quando os dois se tornaram amigos, ele, confessou que havia rezado para que "o homem certo" aparecesse.) "Bem, dê-me algumas referências. Está disposto a aceitar as longas horas que este negócio exige?"

"Fico a seu lado todo o tempo" — respondeu o meu homem. "Acho que este emprego esperava por mim." E, realmente, isso ficou provado porque mais tarde ele se tornou sócio, e então, quando da aposentadoria do outro homem, comprou a sua parte, e acrescentara à firma, ultimamente, mais um restaurante. Sua explicação sobre esse caso foi sucinta, e para ele representava os fatos: "Alguém" — disse ele — "estava a meu lado". E podemos acrescentar que Alguém está sempre ao nosso lado, também. Jamais duvidemos disso.

Pessoas "dentro-e-junto"

Essas pessoas que reagem criativamente às experiências adversas demonstram, invariavelmente, certas qualidades admiráveis. Não entram em pânico, não se fazem emocionais. Pensam fria, desapaixonada e objetivamente. Esse tipo de pessoa assume um ponto de vista positivo, rejeitando os negativos, não importa quão pouco propícia a situação possa parecer. E, sem exceção, tem uma firme fé que a ajuda a prosseguir, mantendo ativo o princípio positivo.

Este é o vigésimo quarto livro que escrevo, e em cada um deles enfatizei, fortemente, a fé espiritual como fator necessário para uma vida próspera. De vez em quando, porém, alguém me escreve ou diz assim como: "Aceito suas sugestões práticas, mas deixo de lado o aspecto religioso."

Tais objeções são mínimas nesta era de boa instrução, mas ainda há uns poucos que parecem imaginar que a técnica espiritual seja uma espécie de aberração e que deve ser diferençada da praticabilidade.

Em sua opinião antiquada, os que praticam os princípios da verdade apontados pela religião têm uma espécie de "parafuso de menos". Por outro lado, as pessoas "dentro-e-junto" vêem os conceitos espirituais como forma verdadeiramente científica de vida. A ciência, naturalmente, é um padrão de pensamento baseado em técnicas demonstráveis. A ciência, no campo do pensamento, não é menos válida do que a ciência do laboratório, pois em ambos os casos está baseada em fórmulas exeqüíveis e provadas.

A profecia feita há anos por um dos grandes gênios científicos da América está sendo provada, atualmente, é sabido, e em tal extensão, que as pessoas dotadas de conhecimentos reconhecem, agora, a validez dos princípios espirituais como verificáveis processos científicos. Esses princípios trabalham quando trabalhados. A fé produz resultados. A força opera através da mente tão seguramente como através de fios elétricos. A comunicação apossa-se da percepção, não menos seguramente do que as imagens da televisão transmitem-se pelos satélites.

O cientista acima mencionado era o famoso Dr. Charles Steinmetz que, ao lhe perguntarem qual a linha de pesquisa que teria maior desenvolvimento durante os próximos cinqüenta anos, disse:

> Penso que as maiores descobertas serão feitas ao longo das linhas espirituais. Algum dia as pessoas compreenderão que as coisas materiais não trazem felicidade, e que pequeno é seu uso quanto a tornar criativos e fortes os homens e as mulheres. Então, os cientistas do mundo voltarão seus laboratórios para o estudo de Deus, da prece e das forças espirituais que até o presente mal foram tocadas. Quando esse dia chegar, o mundo verá avanço maior em uma só geração do que pôde ver nas últimas quatro.

Também eu tive situações adversas

Discutindo reações às situações adversas e de como manter a continuidade sob circunstâncias difíceis e exasperantes, não trato de assunto teórico, porque também eu tive minha cota de tais problemas. Um deles surgiu depois que "O Poder do Pensamento Positivo" tornou-se o que, no comércio livreiro, chamam, um tanto exageradamente como sempre pensei, um "estupendo *best-seller*". O livro realmente teve, e continua a ter, enorme vendagem. Por uma razão qualquer isso acendeu a cólera de alguns membros do clero esquerdista e remotamente liberal. Na verdade, sua atitude violentamente hostil foi classificada por uma revista como "o furor dos intelectuais". Fosse como fosse, voltaram-se contra mim, censuraram-me face a face e às minhas costas, chegando ao ponto de pregar sermões contra o que chamavam, indignados, de "Pealismo".

Antes dessa experiência eu sempre acreditara que todos os ministros eram, sem exceção, pessoas cavalheirescas que, embora pudessem discordar das idéias alheias e expressar vigorosamente sua opinião divergente, não fariam ataques a pessoas nem usariam linguagem rude e descomedida em seu desejo de repreendê-las. E apresso-me a dizer que a vasta maioria do clero compõe-se de pessoas bondosas e consideradas que, se têm um ponto de vista diferente, expõe-no com cortesia. Mas nos poucos violentos, de língua amarga, descobri o que chegava, literalmente, a uma impressionante psicose de ódio que pareceu realmente chocante.

Por que estavam eles tão zangados?

A explicação para essa violenta anti-reação era, segundo se pode supor, o fato de o livro ser escrito em linguagem direta e estilo simples e através de formas prontamente assimiláveis pelo homem da rua. De fato, o livro fora escrito para esse tipo de homem e não para eruditos supersofisticados, embora qualquer pessoa talvez pudesse usar com vantagem os seus princípios.

Já que o ponto de vista do livro indicava que por meio de atitudes positivas seria possível obter melhores coisas na vida, e fazer consigo mesmo um trabalho melhor, os críticos, que algumas vezes parecem negativistas por natureza, eriçaram-se à simples menção da palavra "sucesso" , mesmo quando isso não significasse ganhar dinheiro ao montes ou ter o nome citado pelos jornais. Desde que as coisas corram melhor tanto para os indivíduos como para a sociedade haverá menos desgostos a lamentar, e, nesse caso, o negativista tenderá a ver com parcialidade o conceito de pensamento positivo. E, finalmente, porque o livro foi altamente vitorioso do ponto de vista do número de exemplares vendidos, aquele detestável sentimento de ciúme, quando um colega tem a sorte de ver um projeto seu bem recebido, pode, às vezes, afetar atitudes, para justificar essa sorte como bem seja entendida.

Bem, sejam quais forem as razões — e talvez algumas críticas tivessem fundamento — a barragem que a oposição ergueu contra mim foi formidável. Fui desancado dura e pesadamente pelos meus detratores tão vingativos. A situação era potencialmente adversa, realmente. Na verdade, eu estava espantado e de certa forma ferido e encontrando dificuldade para compreender aquele mau tratamento, pois meu livro, tão simples, só pretendia ajudar as pessoas.

Está claro que milhares de boas criaturas vieram apoiar-me e eu me senti amparado e fortalecido com essa confiança. Ainda assim ninguém pode ser atacado, muitas vezes rancorosamente, como eu fui, especialmente por homens da mesma linha e profissão, sem se sentir abalado.

Descobri a forma de dominar a situação

A tendência natural, em tal situação, é reagir no mesmo tom, devolver o que se recebeu. Alguns amigos sugeriram que eu dissesse aos críticos algo "em palavras que eles não deixem de entender". Isso, porém, não me pareceu conveniente e, além de tudo, constituiria a negação dos princípios de verdade em que eu acreditava e ensinava a acreditar. Em conseqüência, não sem alguma luta pessoal, decidi adotar a política de pôr em prática os princípios da verdade científica que eu sugerira a outros como viável nas situações adversas:

1. Decidi não responder às críticas, não dar explicações, não me defender, mas guardar silêncio.
2. Decidi examinar cada crítica a fim de me certificar se era válida, e, se assim fosse, tentar corrigir minha própria posição. Por exemplo: uma vez, em Chicago, fui procurado por repórteres que me mostraram um violento ataque contra mim, partido do Deão da Escola de Teologia de Yale. Um repórter leu-o para mim e pediu-me um comentário. Eu disse: "O Deão é um homem ilustre, e, se estiver pensando a meu respeito aquilo que declarou, será de meu dever reexaminar tanto a minha pessoa como os meus ensinamentos." Estando todos eles dispostos a obter mais combustível a fim de manter aceso o fogo, ficaram claramente desapontados. Não havia assunto ali, do seu ponto de vista de repórteres.
3. Continuei a ser amável para com os meus inimigos. De vez em quando lançava uma lista de livros e dava os mais altos pontos ao livro escrito por um de meus principais detratores. Fazia isso por considerar realmente bom o trabalho. O livro era considerado sob base objetiva e não sob base emocional.
4. Continuei, tranqüilamente, a ensinar que o Cristianismo é uma forma científica, viável e prática de viver, uma filosofia de pensamento e ação que pode ajudar seja a quem for, em seja qual for a circunstância. Todos os dias milhares de pessoas aceitam esse ensinamento com grande benefício próprio, conforme o testemunham em pilhas de cartas de apreciação.

Bem, ou teria eu sobrevivido aos meus inimigos, ou tinham eles chegado a ver as coisas sob outra luz, ou meus pontos de vista ganhavam aceitação mais ampla, fosse como que fosse, a oposição amainou, finalmente. E muitos dos que se tinham erguido violentamente contra mim, escreveram-me dizendo que haviam mudado de parecer, não sobre as minhas idéias, mas sobre mim, pessoalmente. Eu não desejava, necessariamente, nem mesmo esperava, que as pessoas admitissem que estavam erradas e que eu estava certo. O que realmente desejava era demonstrar a mim mesmo, e talvez a outros, que os princípios da verdade espiritual são viáveis e que funcionarão quando realmente bem trabalhados. O meu desejo era provar, conclusivamente, antes de mais nada para minha própria satisfação, que eu podia reagir criativamente quando de uma situação adversa.

E descobri que realmente podia, com a ajuda de Deus, manter em ação o princípio positivo. O entusiasmo pela mensagem a cuja divulgação eu me dedicara não diminuíra nem um pouquinho.

Quando chega o desgosto

Acontece que, pelo fato de meus escritos tratarem, antes de mais nada, de problemas centralizados em seres humanos, problemas de natureza muito pessoal, portanto, recebo milhares de cartas vindas de toda parte, contando as situações que essas pessoas enfrentam. Ler, digamos, cem dessas cartas é muito comovente, e pode ser, mesmo, uma experiência dirigida ao coração.

A cada Sexta-feira Santa, por exemplo, nossa Fundação para a Vida Cristã realiza uma Vigília de Orações de vinte e quatro horas, atendendo de 25 000 a 40 000 pedidos de preces que ali chegam para esse dia. Se os leitores quisessem saber o que é gente perturbada ou aflita, uma amostra dessas comunicações iria deixá-los abalados diante da extensão e da profundidade do sofrimento e da ansiedade que prevalecem, diariamente, por toda a parte.

Quando se vê a multidão numa igreja, num centro musical, num teatro ou num acontecimento esportivo, não se observa a evidência de tais problemas. É próprio da pessoa sofisticada dissimular, não revelar exteriormente os terrores íntimos e os distúrbios que a afligem. Mas, para alguém cujo trabalho é tratar desses assuntos de forma compassiva, a carga completa é lançada sem reservas.

Uma das mais agudas situações adversas é a do desgosto causado pela morte de uma pessoa muito querida. Dificilmente outra qualquer forma de sofrimento mental pode equiparar-se a essa pungente experiência humana. É um golpe, um choque, uma devastação que fere profunda e agudamente a pessoa enlutada. Essa experiência inevitável que chega através da corrida do tempo, deverá ser enfrentada com dignidade, força e compreensão. Mas não é fácil tomar essa atitude. Realmente, é uma situação adversa na qual a recuperação da mente poderá ser um processo extremamente difícil. Para que sejamos solidários com uma pessoa atingida por esse desgosto, uma genuína transferência de amor é, sem dúvida, a maneira mais eficaz de auxiliá-la. Muitas pessoas, entretanto, sentem-se desajeitadas para expressar a preocupação e a solidariedade sentidas, realmente, quando dessas dolorosas circunstâncias. Na verdade, as palavras não são de importância vital: a transmissão, através da atitude, da afeição sentida, realiza sua própria cura.

Eu era muito jovem quando fui chamado a acompanhar o funeral de uma meninazinha, no Brooklyn, em Nova Iorque. Era apenas o segundo funeral da minha ainda curta carreira como ministro e o primeiro referente a uma criança. O corpo da doce pequenina estava num esquife branco. Lembro-me de que o vestido era branco e havia laços cor de rosa em seus cabelos louros. Aquilo abateu-me, realmente. Fiquei hesitante, tentando dizer algo que confortasse os desolados pais tão jovens, mas as palavras não me vinham. Finalmente, atravessei o aposento em direção aos pais, a mãe de apenas vinte e um anos, o pai de vinte e três, abracei-os impulsivamente e disse, entrecortadamente: "Ouçam, Jim e Helen — ouçam e jamais esqueçam — Deus ama vocês." Foi tudo quanto consegui dizer.

Quarenta anos mais tarde o pai me disse: "Quando o senhor nos abraçou naquele dia terrível, soubemos que nos amava" — e acrescentou — "e nos fez ver que o amor de Deus é real. E desde então O amamos, e ao senhor também!" O amor que passara entre nós naquele dia ensinou àqueles tristes e abatidos pais como era possível manter a continuidade sob a dor traumatizante de uma perda.

Belas palavras, facilidade de expressão, argumentos sólidos, convincentes expressões de fé — nada disso tem o poder de transmitir calor, como faz a emanação da autêntica e amorosa amizade. Muitas vezes senti que o poder das palavras das Escrituras para confortar nos desgostos é devida amplamente ao fato de que dão segurança quanto ao amor de Deus. Por isso jamais deixam de fornecer conforto e serenidade. Quantos incontáveis milhares, na aflitiva situação de tristeza e solitude, encontram paz e refrigério em palavras curadoras de sofrimentos como: "Eu sou a ressurreição e a vida: o que acredita em mim, embora morto, estará vivo. E quem quer que viva e acredite em mim jamais morrerá." Ou, ainda: "Há muitos lugares na casa de meu pai... vou preparar um lugar para vós: onde eu estiver vós também estareis" (João, 11:25-26 e João 14:2-3). E o retrato incomparável de um Pai amoroso: "Não mais terão fome, não mais terão sede; nem o sol nem qualquer calor os tocará. Porque o Cordeiro que está no meio do trono os alimentará e os guiará para a fonte de águas vivas. E Deus secará todas as lágrimas de seus olhos" (Apocalipse, 7:16-17).

Um líder de indústria, presidente da *General Motors Corporation,* perdeu a esposa depois de mais de cinqüenta anos de casado. Logo após, amigos comuns disseram que Alfred P. Sloan desejava falar comigo, porque estava inconsolável. Ele fixou em mim os olhos penetrantes e com sua franqueza característica disse:

"Quero fazer uma pergunta direta e desejo uma resposta direta."

"Está bem" — respondi — "faça a pergunta e terá uma resposta direta."

"O que eu quero saber é isto: tornarei a encontrar minha mulher ou ela está perdida para mim?"

"Se viveu com fé, como sua mulher viveu, irá reunir-se a ela no após-vida em que não há separação. E, enquanto esse dia não chegar, poderá sentir a proximidade dela mesmo aqui na terra."

Ele olhou, indagadoramente, para os meus olhos.

"Que certeza tem disso?" — insistiu.

"Certeza absoluta" — respondi.

Ele era uma mentalidade grande demais para pedir provas filosóficas. Tudo quanto queria era um princípio positivo sobre o qual repousar a própria e momentaneamente vacilante fé. Então, pôs-se a contar-me o quanto dependia da mulher e como, mesmo em decisões de negócios, confiava no julgamento dela. Era tocante observar como, mesmo um homem forte, aparentemente auto-suficiente, tinha tal senso de dependência em relação à companheira de tantos anos. E eu, contemplando aquele homem, grande, inteligente, mas ferido e solitário, senti um fluxo de amor por ele. Mas é difícil dizer a um homem resistente como aquele que nós o amamos. Assim, sem pensar, levantei-me e, levemente, coloquei minha mão sobre a sua cabeça. Ele levantou os olhos cheios de lágrimas, como uma criança. Acompanhando-me até à porta e despedindo-se com um esmagador aperto de mão, tudo quanto me disse foi:

"Obrigado. Agora estou bem. Posso continuar."

Jamais esquecerei Myron Robinson

Tenho razões pessoais para saber como o amor sem palavras pode ajudar no domínio dos sentimentos perturbados por um desgosto, porque conheci o Coronel Myron Robinson. Era um homem grande, vigoroso, político famoso em Nova Jérsei, na sua época. Tinha o coração tão grande como o mundo que nos rodeia. E era membro de minha igreja em Nova Iorque.

Uma noite de sexta-feira, há alguns anos, depois de uma noitada memorável com minha mãe e toda a família, tomei um trem noturno do interior do Estado de Nova Iorque para a cidade de Nova Iorque, pois tinha compromisso para falar numa igreja de Elberon, na Costa de Jérsei, na manhã do domingo seguinte.

Mas logo cedo, no sábado, mal eu chegara à cidade, tive um telefonema de minha mulher, Ruth, dizendo que minha mãe havia acabado de morrer de trombose. Chocado e desgostoso eu disse a Ruth que voltaria imediatamente a Canisteo, em Nova Iorque, cidade onde vivia a família, porém, discutindo o fato, decidi que minha mãe quereria que eu mantivesse meu compromisso de pregar o Evangelho em que ela tão profundamente acreditava. Mas eu estava triste, sofrendo, sob choque. Era tão incrível. Minha mãe, que eu adorava, estava morta.

Na manhã de domingo, bem cedo, tomei um trem na Estação Penn e sentei-me, desconsoladamente, olhando pela janela, quando Myron Robinson aproximou-se caminhando pelo vagão. Sentou-se ao meu lado.

"Onde vai, Myron?" — indaguei.

"A um grande piquenique republicano lá em *Ocean City*. Todo o mundo vai estar lá. Eu não perderia essa festa."

"Bem, espero que se divirta" — falei.

Subitamente, ele olhou para mim.

"Que está acontecendo, Norman? Você não está no seu jeito habitual. Algo o está perturbando?"

Contei-lhe então o que se passava, e em poucas palavras, porque falar naquilo me era despedaçador. Tudo quanto Myron fez foi bater no meu joelho com a sua grande mão.

Quando chegamos a Elberon, Myron desceu comigo para minha grande surpresa.

"Por que está descendo aqui? O trem continua para *Ocean City*."

"Oh! Resolvi que prefiro ir à igreja com você ao invés de ir a esse piquenique. Vão servir mexilhões e eu não gosto muito deles" — respondeu, evasivamente.

Acompanhou-me até à igreja, sentou-se bem na minha frente, na primeira fila, e levou-me para almoçar, depois. Quando tomamos o trem de volta a Nova Iorque mal conversamos. Chegados à Estação Penn ele iria para um bairro e eu para a cidade. Então, parou por um momento e algo muito belo surgiu em seu rosto. Deu-me um murro no peito, dizendo:

"Eu compreendo, rapaz, eu compreendo. Você ajudou-me quanto tive horas duras, e eu espero ter ajudado um pouquinho, hoje."

E então, escondendo as lágrimas, ele virou-se e, com um aceno de mão, despediu-se.

Bem, agora Myron Robinson também passou para o outro lado, mas nunca esquecerei aquele homem bondoso, que tinha o coração cheio de amor, e muito amor me deu naquele longínquo e triste dia. Ajudou-me a reagir criativamente a uma das mais perturbadoras situações e a seguir com base no princípio positivo.

Neste capítulo, sobre o importante assunto que é reagir criativamente às situações adversas, os seguintes pontos foram apresentados:

1. Todos têm dentro de si uma boa notícia.
2. Afirmemos, diariamente: "Com a ajuda e orientação de Deus eu estou agora obtendo soluções criativas em situações adversas."
3. Em situações duras, jamais entremos em pânico, esfriemos sempre o caso.
4. Lembremo-nos de que há sempre Alguém ao nosso lado.
5. Nunca façamos julgamentos emocionais. Pensemos desapaixonada e objetivamente.
6. Jamais devemos reagir à crítica de forma a permitir que ela nos afete o julgamento sólido. Analisemo-nos, para determinar se a crítica é justificada. Se for, tratemos de corrigir-nos. Se não for, sigamos cuidando de nossa vida.
7. Afirmemos, sempre, que há uma resposta e uma solução para qualquer problema, e que podemos encontrá-las; na verdade, nós estamos encontrando-as agora.
8. Quando a dor chegar, recordemos, e jamais esqueçamos que Deus nos ama. Ele nos acompanha, sempre, e seguramente.

NONA FORMA DE MANTER A CONTINUIDADE DO PRINCÍPIO POSITIVO

Você pode enfrentar qualquer coisa. Pode, sim

Você pode enfrentar qualquer coisa; pode, sim. E uma coisa é certa — a única forma de levar esta vida com sucesso é aprender a enfrentar. *Enfrentar* significa competir, confrontar, tratar, medir-se.

Duas meninazinhas

Muitas vezes a descoberta de que devemos enfrentar acontece bem cedo em nossa vida. E só quando desenvolvemos essa habilidade é que a definitiva e final vitória pessoal aparece. Acontecia-me estar num trem que se dirigia para a Flórida, certo dia, mas meu destino era a décima terceira estação, em Filadélfia. Em Norte Filadélfia duas meninazinhas entraram no trem. Teriam 10 e 12 anos de idade, mais ou menos, foi o que calculei. Já as vira antes, na plataforma, na despedida lacrimosa de duas pessoas de meia-idade.

Havia um lugar vazio a meu lado e a menina mais velha sentou-se ali, sentando-se a mais nova na fila da outra ala. Eram muito meigas, recatadas, bem vestidas, realmente bastante elegantes. A que estava a meu lado tinha um ar solene, e vi uma lágrima, como uma pérola, em seu rosto. Nas suas mãozinhas agarrava uma câmara fotográfica. Então, perguntei: "Você vai tirar fotografias?"

Ela respondeu em voz tão baixa que eu mal podia ouvir: "Nós nos amamos tanto e temos de deixá-los. Nós os amamos tanto, tanto..."

"Quem vocês estão deixando? Seus pais?"

"Não, são nossos avós."

"E para onde vão?" — indaguei.

"Para São Petersburgo, ver nosso pai, viver com ele. Há três anos que não o vemos. Mal o conhecemos. (Aparentemente era um caso de família separada). Mas nossos avós... nós não queremos deixá-los. Gostamos tanto deles.."

"Oh!" — disse eu — "vocês vão gostar de São Petersburgo, com sua brilhante água azul, seu poente dourado, suas praias brancas, sua boa gente. E seu pai ficar tão contente com a companhia das filhinhas. Vão para lá, e amem seu pai."

Ela ficou silenciosa. Finalmente, disse, como se falasse consigo mesma: "Mas Deus tomará conta de nós." Por essa altura tínhamos chegado à décima terceira estação em Filadélfia e eu levantei-me para desembarcar. Ela também se levantou. Muito educadamente, estendeu-me a mão com gravidade, a mim, um estranho.

"Sim, doçura" — eu disse — "nunca esqueça isso: Deus tomará conta de vocês."

Quando a longa e luzidia composição retomou a marcha, caminho do Sul, fiquei refletindo no pequeno drama humano que havia testemunhado. Duas meninazinhas assustadas, sozinhas, dirigindo-se para o desconhecido, estavam aprendendo cedo, em sua vida, que é necessário enfrentar. Mas haviam aprendido também uma filosofia básica: "Com a ajuda de Deus podemos enfrentar qualquer coisa, podemos sim, com certeza."

Naturalmente, ao dizer que poderemos enfrentar qualquer coisa, estamos revelando uma quase incrível pretensão. Mas, como sabem, temos um incrível Deus para apoiar-nos. Ele está além da altura de qualquer crise, de qualquer dificuldade deste mundo. Já nos disseram: "Com Deus nada será impossível." Isso não quer dizer que com Deus certas coisas deixam de ser impossíveis. Isso quer dizer que "nada" será impossível. Ainda nas Escrituras encontramos: "As coisas que o olho não viu e o ouvido não ouviu, e não subiram ao coração do homem, são as que Deus preparou para os que O amam", (Coríntios I, 2:9).

Uma dessas coisas tremendas é a capacidade de enfrentar qualquer dificuldade, frustração, ou medo, que nos assaltem. Outra declaração nos dá segurança: "Posso fazer todas as coisas através de Cristo que me fortalece", (Filipenses 4:13).

Não é jamais prova de muita inteligência negar a possibilidade de uma grande, ou de uma incrível realização. Theodore N. Vail, industrial importante, disse: "Dificuldades reais podem ser dominadas. Só as imaginárias são inconquistáveis." Certo, em grande parte, mas mesmo as imaginárias podem ser dominadas. Nenhuma dificuldade, seja real ou imaginária, é invencível. Mas, afirmando a pretensão de que podemos enfrentar qualquer coisa, faço lembrar um comentário sutil e sensato do escritor William Feather: "O sucesso raramente é obtido pelas pessoas que admitem a possibilidade de fracasso." Portanto, mantenhamos o pensamento, mantenhamos tenazmente o pensamento de que podemos enfrentar qualquer coisa, especialmente quando permitimos que Deus nos ajude.

Agarre um cardo

E como realizar essa incrível façanha? Antes de mais nada, nunca se deve vagar, com tola indecisão, ao redor de uma dificuldade; agarrá-la e mantê-la agarrada. Não se pode ter medo, ser timorato, ou estar em dúvida. Simplesmente agarremos o problema e lidemos com ele energicamente.

No escritório de John Bowles, um homem de negócios, aprendi sobre as várias dificuldades que ele dominou. Considerei-o muito tranqüilo e intocado. Então, disse-lhe: "John, como lhe aconteceu ser capaz de tratar com tudo isso que você esteve contando-me? Esses contratempos seriam o suficiente para acabrunhar muita gente."

Ele apontou para um vaso onde havia um grande cardo. "Por que um cardo?" — indaguei. "Você não poderia ter uma flor mais exótica?"

"Oh!" — replicou ele — "desde que passei por todas aquelas dificuldades, o cardo representa qualidades que a maioria das pessoas não reconhece."

"Deve haver algo atrás do que está dizendo" — disse eu.

"E há, com certeza. Já lhe digo o que é. Segure esse cardo" — pediu ele.

"Não gosto do jeito dele, é espinhoso. Vai picar e machucar."

"Vamos" — insistiu — "segure-o."

Hesitante, estendi cautelosamente a mão e toquei a planta.

"Espeta" — queixei-me.

"Você deve ser melhor filósofo do que está parecendo" — falou ele. "Deve ver que o cardo representa as dificuldades da vida. E, se souber lidar com um cardo, terá aprendido o primeiro passo no trato das dificuldades. Portanto, agarre esse cardo, agarre-o com força."

Fiz o que ele dizia, e, acreditem-me ou não, dor não houve. A planta amarrotou-se em minha mão.

Está claro que esse incidente não significa que as dificuldades, quando com elas nos defrontamos, deixem de doer. Doerão muito menos, entretanto, se tratarmos francamente com elas. Quando o leitor tiver uma dificuldade que precise enfrentar, não recue: agarre-a, trate com ela.

Ela toma a vida com as duas mãos

É como a senhora que conheci no estúdio de uma rádio-emissora. Esta estava entrevistando vários de nós e a conversa derivou para alguns assuntos bastante profundos. Reparei, quando ela caminhou para a sala de emissão, que era aleijada, com uma perna mais curta que a outra. E também não era uma jovem espetacular, pois muitos anos já vivera. Tinha, contudo, um bonito rosto, no qual havia, realmente, uma espécie de luz.

Durante o programa continuamos falando sobre as dificuldades humanas, e ela disse:

"Há, realmente, uma única forma de enfrentar dificuldades. É, simplesmente, a de confiar em Deus e acreditar que Ele está conosco e ajudando-nos todo o tempo. Usando esse princípio, eu simplesmente tomo a vida com as minhas duas mãos e enfrento o que quer que venha."

Relancei os olhos para as suas mãos, notando que eram muito pequenas, delicadas, e pensei: "Não há muito força nessas mãos, mas há muitíssima força nesta mulher!" Em voz alta, eu disse:

"Suas mãos são pequenas, contudo está me dizendo que toma a vida com essas mãos."

"Oh!" — disse ela — "eu tenho, também, um segredo. Sei que minhas mãos são pequenas, mas, se eu puser minhas mãos pequenas nas duas grandes mãos de Deus, isso formará quatro mãos. E com Deus, lembre-se, nada é impossível."

Assim, quando algo muito difícil surgir e tivermos de enfrentá-lo, o melhor processo é, simplesmente, fazer isso imediata e francamente. Cuidemos de nossa dificuldade visualizando nossas duas mãos sendo colocadas nas mãos de Deus. Esse conceito das "quatro mãos" significa que nada é impossível. Recordemos aquela dinâmica personalidade do rádio. Ela causou-me duradoura impressão pela sua intuição apurada quanto ao problema a tratar. Ela veio ratificar o fato de que podemos enfrentar qualquer coisa se, simplesmente, agarrarmos o fato, forte e inteligentemente, e mantivermos a continuidade do princípio positivo.

Assim, diante de uma grande dificuldade, a técnica número um é dizermos a nós mesmos: "Com Deus nada é impossível." Digamos isso afirmativamente e sempre com fé. Continuemos a afirmar. Então, afrouxemos a tensão, aquietemo-nos física e mentalmente, esfriemos o caso e acreditemos que a força necessária está vindo para ajudar-nos a tratar com aquela situação. Dessa forma aprenderemos a manter sempre em ação o poder de enfrentamento. Em todas as ocasiões, sejamos filósofos, tranqüilos e calmamente meditativos. Fazendo isso o processo de enfrentar irá tornar-se mais fácil e mais seguro.

Encontrei um velho diário

Em nossa casa da fazenda minha esposa meteu-se, recentemente, numa "folia" de limpeza. Insistia em que devíamos descartar-nos de algumas coisa e começou por um armário. É espantoso ver quanta coisa pode acumular-se num armário, e ainda mais naquele que era dos grandes. Há algum tempo achei no citado armário uma caixa na qual estava o diário escrito por meu pai e iniciado na primavera do ano de 1888.

Meu pai freqüentou a escola numa época em que se aprendia caligrafia, e sua letra era bonita. A tinta era boa, também, pois mostrava-se bem nítida após todos esses anos. Foi uma experiência comovente ler esse diário de meu pai, que tanto significou para mim. Ali se registrava que ele fora o orador oficial de sua turma de ginásio. O diário começava, realmente, na noite da formatura que, bastante estranhamente, foi em meados de abril de 1888. Os alunos tinham de freqüentar a escola antes da plantação da primavera, presumivelmente. Havia seis estudantes na classe, quatro rapazes e duas moças. Ele registrou-lhes os nomes, e eu os recordei, um por um, da época da minha própria juventude. O diário dizia muita coisa sobre um jovenzinho que mais tarde seria meu pai. Deixem-me recordar alguns de seus trechos:

Quinta-feira, 31 de maio de 1888
Juntei pedrisco hoje e ganhei um dólar e 25.
Fui ao serviço religioso do *Young Folks* esta noite.

Quarta-feira, 6 de junho de 1888
Na Convenção Democrática em St. Luis,
Grover Cleveland foi reindicado para
Presidente dos Estados Unidos.
Fui ao serviço religioso do *Young Folks* esta noite.
Fui nadar pela primeira vez neste ano.

Quinta-feira, 8 de junho de 1888
Allen G. Thruman foi indicado para Vice-Presidente dos Estados Unidos.
Fui a uma reunião de missionários em casa do Dr. Garner, esta noite.
Fui nadar.

Quarta-feira, 25 de junho de 1888
Hoje o Partido Republicano indicou
o Gen. Benjamin Harrison para Presidente e também
Morton, de Nova Iorque, para Vice-Presidente.
Usei meu último pedaço de fumo de mascar hoje.
Também fumei meu último charuto. Com isso quero dizer que deixo de usar fumo.

Eu nunca soube que ele mascasse fumo ou mesmo fumasse. Mas aquilo indicava que naquele tempo meu pai enfrentara um hábito que o constrangia. Mas aprendeu como enfrentá-lo: freqüentava o serviço religioso dos jovens e ia a reuniões de missionários, desenvolvendo assim a fé para esse esforço.

Naquele outono ele entrou para a Escola Médica de Ohio, conforme era chamada naquele tempo. Estudou arduamente e fez-se médico. Mais tarde tornou-se pregador, pois não pode resistir ao "chamado". Sempre foi, entretanto, um tipo de pregador médico, tratando da saúde do corpo, da mente e da alma.

O diário continua enumerando algo mais que ele teve de enfrentar: não havia muito dinheiro. Seu pai, Samuel Peale, tinha uma loja de artigos em geral na pequena cidade de Lynchburg, Ohio, onde moravam, e dele meu pai aprendeu a ter cuidado com o pouco dinheiro que possuía. Mantinha cuidadosa anotação do que despendia. Note-se a taxa de preços daquela época:

10 de setembro de 1888 (no Colégio)

Pensão de uma semana	2 dólares
Aluguel do quarto, uma semana	1 dólar e 25
Barba	10 centavos
Guisado de ostras	20 "
1 dúzia de bananas	5 "
Jantar	15 "
Ceia	10 "
Selos	2 "
Balas para meu irmão	5 "
Uma carga de carvão	2 dólares
Coleta da igreja	5 centavos
Esmola a uma mendiga	10 "

Esses números indicam como eram as coisas neste país, financeiramente, naquela época. A pessoa de nivel médio não tinha abundância, mas há naquele diário toda a indicação de que meu pai era forte e animado, dono de profunda fé que o ajudava na vida cotidiana.

Lá para o fim do diário meu pai expressava a imensa sabedoria que aprendera, o princípio positivo que dominara:

> "Quando rapazinho, e em minhas últimas experiências, descobri uma grande verdade, que é esta: se ficarmos junto de Jesus e tivermos fé Nele, Ele não se deixará enganar por nada. Ele sempre o fez e sempre o fará."

Meu querido pai escreveu aquelas palavras no dia 10 de setembro de 1888, quando estava com 18 anos. Nunca soube que um de seus filhos iria citá-las em livro muito tempo depois. Mas os princípios que meu pai considerou viáveis há tantos anos, ajudaram-no a enfrentar tudo, naqueles dias. E ainda são viáveis nestes nossos dias. Assim, como disse meu pai: "Fiquemos junto de Jesus." Acreditemos, sempre, que com Deus nada é impossível. Com esses sólidos princípios poderemos enfrentar qualquer coisa, poderemos realmente.

Uma coisa é certa: todos nós vamos enfrentar dificuldades nesta vida. Haverá, realmente, muitíssimas dificuldades, e algumas tendem a ser graves e intensas, ou mesmo dolorosas. A atitude a assumir diante delas dirá se vamos ser dominados pelas circunstâncias ou se vamos dominá-las. Marco Aurélio, o grande filósofo romano, recebe crédito por uma pitoresca expressão, seguramente carregada de verdade: "O homem deve estar equipado e escorado por dentro, caso contrário o templo cambaleia para o chão."

Para enfrentar dificuldades é de vital importância desenvolver uma atitude filosófica. Não nos tornemos tensos, jamais nos esgotemos. Mantenhamo-nos sempre imperturbáveis. Recordemos que a calma resolve. Nunca nos deixemos desnortear. Sejamos racionais. Mantenhamos a mente operando e em contínuo controle das emoções.

Visita a um santuário xintó

Certa vez, em Tóquio, eu estava visitando um santuário xintó. Chegava-se a ele percorrendo uma longa avenida de pequenas lojas ou balcões de mercadorias. No centro do largo onde fica o templo, levanta-se enorme urna em estilo japonês da qual o vapor do incenso emana. Diz a tradição que aquele que tiver doença ou qualquer enfraquecimento do corpo ficará curado se dirigir o incenso para a parte afetada. Reparei que havia pessoas fazendo um movimento circular com as mãos e braços a fim de levar o incenso a vários pontos do corpo. Um homem, que eu imediatamente tomei por americano, movimentava o incenso para o seu coração. Um ar de absoluta fé revelava-se em seu rosto.

"Acha que este incenso vai curá-lo?" — indaguei.

"E por que não? Eles dizem que cura" — respondeu ele.

"Continue a acreditar" — foi o que eu disse. "Mas por que dirige o incenso para o seu coração?"

"Porque é a parte mais fraca do meu corpo."

Então, ele se afastou, e eu dirigi o incenso para a minha cabeça.

Acreditem-me, a cabeça *é* a parte mais importante, porque ao enfrentarmos uma dificuldade é terrivelmente necessário manter sempre a mente calma e tranqüila, a fim de que fique controlada e assim funcione com eficiência. Claro está que nem sempre é fácil obter isso. Mas, para enfrentar nossas dificuldades é importante cultivar as qualidades do filósofo. Sejamos tranqüilos e ponderados, tomemos as coisas como vêm. E dependamos, sempre, da calma certeza de que poderemos dominar tudo quanto nos acontecer.

Jogador de "baseball" filósofo

Quando o clube de *baseball* da Liga Nacional Brooklyn Dodgers esteve em Brooklyn, jogando no velho campo Elbets, eu conhecia quase todos os homens da equipe Dodgers. Um dos jogadores era poderoso batedor, alcançando média acima de 300, que está para além de bom.

Uma noite ele deveria vir jantar em nossa casa com alguns de seus companheiros de time. Não me fora possível ir ao jogo naquele dia do início de abril, mas ouvi parte dele pelo rádio enquanto dirigia meu carro de cá para lá, atendendo a vários compromissos.

Aquele esplêndido batedor veio bater no segundo turno e falhou, ignominiosamente, uma, duas, três vezes. Desliguei o rádio.

Naquela noite, quando os jogadores chegaram para o jantar, aquele batedor, para minha surpresa, mostrava aspecto feliz e tranqüilo.

"Lamentei ouvir que você bateu fora no segundo turno, hoje" — disse-lhe eu.

"Oh!" — respondeu — "isso não foi nada. Tornei a bater fora no quarto turno."

Estupefato, perguntei:

"Quer me dizer que está despreocupado tendo batido fora duas vezes num dos primeiros jogos da temporada?"

"Por que não?" — replicou. "Com base na minha média, eu baterei fora noventa vezes durante a temporada, e sempre me sinto confortado pela lei das médias."

Eu pensei que aquilo era um bom bocado para um jogador de *baseball.*

"Sim — continuou ele — "essa lei das médias é um grande conforto. Assim, hoje, quando o jogo acabou e fui para a sede do clube, disse aos rapazes: "Que tal acharam? Não é ótimo? Tenho só oitenta e oito vezes para bater fora nesta temporada."

Isso é o que se pode chamar, razoavelmente, uma atitude calma e sem tensões em relação a uma dificuldade.

A maioria das dificuldades é cuidada com eficiência na proporção do grau em que nos livremos da tensão. Embora esse fato já tenha sido apontado no capítulo anterior, devo enfatizá-lo ainda, porque a tranqüilidade da mente é vital quando se enfrenta um problema. Uma pessoa tensa, nervosa, não tende a deixar que venha o fluxo de personalidade durante o qual o processo de pensamento pode lutar contra a dificuldade com eficiência. Perturbada pelo pânico e pelos sentimentos de apreensão, tal tipo de mente não consegue funcionar com a fria e filosófica atitude do batedor que encontrou conforto na lei das médias.

Nove linhas orientadoras para enfrentar

Há alguns anos preparei nove eficazes linhas orientadoras para enfrentar dificuldades, e elas foram de muito auxílio no que se refere a mim, pessoalmente. Elas incluem o princípio positivo que estivemos discutindo:

1. Não entre em pânico. Conserve a calma. Use a cabeça. Pense.
2. Nunca se deixe dominar. Nunca dramatize uma dificuldade. Afirme, confiantemente: "Deus e eu podemos tratar disso."
3. Pratique a "des-confusão". Para fazer isso escreva num papel cada elemento da dificuldade, esclarecendo mentalmente cada parte.
4. Desista de fazer considerações póstumas. Tome o problema a partir de onde você estiver neste instante.
5. Procure uma resposta, não para todo o problema, mas para o próximo passo.
6. Pratique o pensamento criativo. Conserve-se tranqüilo para que as intuições venham ter à sua mente.
7. Pergunte-se sempre o que é o certo a fazer, pois nada do que é errado pode transformar-se em certo.
8. Mantenha-se pensando, mantenha-se acreditando, mantenha-se trabalhando, mantenha-se orando.
9. Mantenha-se empregando ativamente o princípio positivo.

Ajude outros a enfrentar e estará se ajudando

Outra forma viável e eficaz de receber e dominar as dificuldades é aceitar problemas alheios. É um fato estranho, mas podemos, com freqüência, tratar de duas dificuldades — a nossa e a de outra pessoa — melhor do que se cuidássemos só da nossa. Essa verdade está baseada numa lei sutil de autodoação ou autoconsentimento, de acordo com a qual é desenvolvido um autofortalecimento no processo.

Se tivermos uma penosa dificuldade, olhemos em torno até encontrarmos alguém que tenha dificuldade ainda maior que a nossa e então comecemos a auxiliar essa pessoa. Veremos, ao fazer isso, que o nosso próprio problema, quando tivermos, finalmente, ajudado a resolver o alheio, parecerá muito mais simples, muito mais claro, muito mais fácil de tratar.

Penso, com freqüência, numa história contada por Arthur Gordon, sobre o editor de um jornal semanal de pequena cidade do interior, homem que estava tendo problemas difíceis. Um dia, um vizinho desse editor, um homem chamado Bill, levou a mulher e o filho pequeno para um passeio de barco no rio. Subitamente, o barco virou. Tanto o marido como a mulher eram bons nadadores. Tentaram desesperadamente salvar o menino, mas — isso foi trágico — o garoto foi arrastado e afogou-se. O pai ficou inconsolável. "Por que fiz isto?" — censurava-se ele. "Por que não fiz aquilo?" Assim indagava de si próprio, inutilmente, desesperado. Sem cessar caminhava pelas ruas. As pessoas viam-no nos caminhos rurais, caminhando, caminhando, sempre caminhando.

Certa noite, Jack, o editor do jornal, estava trabalhando até tarde em seu escritório. Mais ou menos à meia-noite houve uma batida na porta, e ali, desconsolado, estava o seu vizinho Bill.

"Você está fora de casa tão tarde, Bill? Que está fazendo?"

"Andando, Jack, só andando. Você vê, não consigo esquecer. Por que tinha de acontecer aquilo? Por que levei o garoto para o barco? Por que não pude salvá-lo? Não posso entender isso, Jack."

"Entre, Bill. Sente-se e vamos conversar."

"Não posso falar. Não sinto vontade de falar."

"Está bem" — disse o editor — "está bem. Fique aí sentado e eu continuarei trabalhando. Quando tiver vontade de conversar, diga."

Depois de um instante, perguntou:

"Bill, que tal uma xícara de café? Vai aquecer você."

O outro respondeu:

"Sim, tomarei o café com prazer. Mas não tenho ainda vontade de conversar."

Quando o relógio ia apontar duas horas da madrugada, Bill disse:

"Agora sim, Jack. Agora estou disposto a conversar."

Durante uma hora ele falou, reviveu tudo quanto se passara. Jack ouvia. Há ocasiões em que o maior auxílio que se possa dar a alguém é simplesmente ouvir, fazendo sentir ao outro o nosso interesse por ele. Aquela era uma dessas ocasiões. Finalmente, inteiramente exausto, Bill terminou dizendo: "Penso que isso é tudo quanto tenho para dizer esta noite, Jack."

Levantou-se para sair. Jack pôs a mão no ombro daquele homem sucumbido.

"Todos nós amamos você" — disse, bondosamente. "Eu gostaria de poder ajudar."

"Mas" — replicou Bill — "você me ajudou, mais do que lhe posso dizer. Ajudou-me porque me ouviu e não discutiu. Sei que gosta de mim, que é meu amigo. Ajudou-me muitíssimo. Nunca me esquecerei disso. Boa noite, Jack."

E saiu para a noite.

Jack ficou ali, sentado, pensando. Subitamente, voltaram-lhe à lembrança os próprios problemas. Para sua surpresa, o que lhe parecera turvo mostrava-se claro, agora; o que antes não podia ver de que forma solucionar, via, agora, objetivamente, e o que parecia dominá-lo mostrava-se, agora, fácil de enfrentar. Sentia-se tomado de mais força para cuidar de seus próprios problemas.

Quando nos desprendemos mentalmente de nós mesmos e nos concentramos em ajudar outros em problemas *deles,* é um fato o podermos encontrar aptidão para tratar com os nossos eficientemente. De alguma forma o ato de autodoação é fator de liberação de força pessoal.

Ele descobriu que podia enfrentar fosse o que fosse

Uma grande história humana nesse caso de enfrentar dificuldades, o definitivo em matéria de problemas humanos é o de Orville E. Kelly, um jornalista de Burlington, Iowa. Ele estará sempre entre os meus caracteres inesquecíveis. Orville Kelly demonstrou, em profundidade, que uma pessoa pode, realmente, enfrentar seja o que for e com sucesso.

A primeira vez que soube coisas sobre Kelly foi através de um jornal que contava como, num caso extremo, ele desenvolvera a filosofia que diz ser "a morte uma parte da vida". Foi ele quem deu origem ao agora bem conhecido programa M. T. C. (*Make Today Count*) (Faça o dia de hoje contar). Impressionado pelo seu tipo de sólido pensamento, escrevi ao Sr. Kelly expressando admiração pela atitude corajosa e racional. Subseqüentemente ele visitou nossa Fundação Para a Vida Cristã, onde, com sua maneira sincera de falar, comoveu e inspirou profundamente todos os que o ouviram. Quando terminou a palestra, cada um de nós sentia que, tendo o mesmo poder espiritual demonstrado por Orville, poderia, também, enfrentar fosse o que fosse com que nos deparássemos.

Faça o dia de hoje contar

Devido aos difundidos efeitos do câncer, tocando, como fazem, não só os milhares que têm a doença, mas outros milhares que amam esses doentes, vou repetir parte da história de Orville Kelly, tal como ele a escreveu para a nossa publicação "Auxílio Criativo Para a Vida Cotidiana". Leiam esse drama humano cuidadosamente e tenho a certeza de que pensarão duas vezes antes de duvidar que uma pessoa possa ter a capacidade, com a ajuda de Deus, de enfrentar seja o que for. Temos aqui um homem que vive e trata com a vida na base do princípio positivo e faz isso gloriosa e vitoriosamente.

> "Câncer definitivo" — disse o médico.
>
> Minha primeira reação a essa sentença de morte foi incredulidade. Uma coisa assim não podia acontecer *comigo,* pensei eu. Os médicos haviam-se enganado terrivelmente. Mas eu sabia que tal coisa não acontecera. Era verdade, e eu ia morrer antes do meu tempo.
>
> A reação seguinte foi de profunda depressão, estado em que mergulhei durante dias. Pensamentos suicidas chegaram a cruzar minha mente, e eu arrastei a esposa e os filhos para o estado de abatimento em que vivia. Como podia Deus ter deixado aquilo acontecer quando tudo ia tão bem para mim e para a minha família? Eu só tinha 42 anos. Meu emprego como jornalista era bom e um brilhante futuro estava à minha frente. Tínhamos uma casa excelente, e todos nós éramos ativos, ocupados e freqüentávamos a igreja, como bons cristãos. Por que eu?
>
> Estaria ainda mergulhado nessa espécie de desespero se não tivesse visto a luz, finalmente, aceitando a vontade do Senhor e assumindo ação positiva não só para ajudar a mim mesmo, mas, também, para ajudar outros cujos caminhos estão levando ao vale da morte antes do tempo.

Minha reação interior era de medo. Viver com um câncer foi experiência assustadora, não só para mim, como vítima, mas para a minha família, parentes e amigos. Wanda, minha esposa, e eu não tínhamos discutido o caso abertamente porque não queria afligi-la e ela permanecia em silêncio receosa de perturbar-me. As pessoas conhecidas cessaram de nos visitar porque aquilo era deprimente demais para elas.

Comecei a perceber que era a perspectiva da morte que me amedrontava, e não o pensamento de ser portador de um câncer. Foi então que a depressão — desespero — tomou conta de minha vida. Wanda estava sob os cuidados de um médico, em conseqüência de grave distúrbio nervoso. A situação atingiu o ponto mais baixo certo dia em que vínhamos para casa, em nosso carro, procedentes da cidade de Iowa, depois de uma sessão de quimioterapia. Era um lindo dia de outono, mas, ao relancear os olhos para minha mulher, vi o ar de completo desalento em seu rosto. E seguimos, rodando silenciosos através da pradaria.

Ele assume ação positiva

Finalmente, decidi que algo devia ser feito, e depressa, para ajudar Wanda a aceitar a minha sorte. Foi quando me vi procurando de novo Deus a fim de que me orientasse. Pedi Seu auxílio. Então, voltei-me para Wanda.

"Falemos sobre isto" — disse eu. "Vou morrer de câncer a não ser que alguma outra coisa me mate, mas ainda não estou morto. Portanto, vamos começar a vida, outra vez."

Disse-lhe que ela devia explicar a situação às crianças, pois que elas já estavam percebendo que algo não corria bem, e que devíamos encarar minha doença mortal como uma família de hábitos positivos.

Pode haver quem se surpreenda diante dessa forma de tratar a morte. Eu sentia que nada tinha a perder e tudo a ganhar tentando o simples pensamento de fazer cada dia contar. Afinal, nenhum de nós sabe, *realmente,* quando vai morrer. Todos, de certa forma, somos casos "extremos".

A vida de família aos poucos voltou ao normal. Não à perfeição, mas ao normal. Todos nós compreendíamos que as coisas nunca mais estariam completamente boas, mas aprendemos que era possível viver com um câncer ao invés de nos abandonarmos. Minha nova filosofia podia ser resumida com simplicidade: "Cada dia será aceito por mim não como mais próximo da morte, mas como um outro dia de vida. Aceitarei cada dia como um dom de Deus, que deve ser apreciado, gozado e vivido ao máximo."

Essa nova atitude deu-me um interesse renovado pela vida, e eu comecei de novo a escrever. Comecei com um artigo para o jornal local, no qual eu advogava a formação de uma organização de pacientes desenganados que poderiam reunir-se informalmente para mutuamente se ajudarem a enfrentar seus problemas de maneira positiva.

O telefone começou a tocar mal o artigo apareceu. Pessoas chamavam-me para dizer que tinham passado pela mesma crise emocional que me atingira. Tantas me telefonaram que eu as convidei para o que veio a tornar-se a primeira reunião da organização que chamamos "Faça o dia de hoje contar". Dezoito pessoas compareceram, entre elas vítimas do câncer, parentes de doentes desenganados, ministros, enfermeiras e estudantes de enfermagem. Tornei claro que ninguém iria chorar no ombro de ninguém a fim de obter solidariedade para o sofrimento. Íamos procurar meios positivos para fazer mais significativo o que nos restasse de vida.

Cerca de 50 pessoas vieram à segunda reunião. "Faça o dia de hoje contar" foi descrita em artigos difundidos pelas agências noticiosas, bem como no rádio e na televisão. Aquilo trouxe uma afluência de cartas de pessoas que desejavam iniciar reuniões em suas próprias cidades. Alguns dos que escreveram não estavam propriamente doentes, somente deprimidos. E viam no "Faça o dia de hoje contar" a possibilidade de melhorar a vida. Reuniões foram organizadas em muitos estados e no exterior.

As reuniões são informais, não-planejadas, e não há funcionários. Reunir pessoas para conversar e participar dos problemas de cada qual enquanto tomam café pode realizar muita coisa. Através de nossas conversas aprendemos a aceitar a idéia de que a morte é parte da vida.

Viva para hoje

Durante o período em que estive gravemente deprimido, fui sendo tratado com eficiência e bondade pelos médicos que haviam pronunciado a sentença de morte. Ministros discutem a vida depois da morte! Mas ninguém menciona o viver para o dia de hoje.

Devo confessar que embora eu possa estar ajudando outros através do "Faça o dia de hoje contar", também estou ajudando a mim mesmo. Cessei de medir o tempo por meses e anos. Os segundos são a estrutura dentro da qual opero. O traço de um sorriso no rosto de minha mulher, o riso de meus filhos, um raio de sol. São coisas de um momento e de toda uma existência.

Claro está que eu e minha mulher tínhamos sonhado com o envelhecermos juntos, mas aprendemos que a vida é frágil e imprevisível para todos. Claro está que não queria ter câncer, mas não tive escolha. Assim, disse comigo mesmo: "Que tenho eu a perder, se tentar ser feliz?"

Há pessoas que alcançaram a imortalidade através da arte ou de atos de heroísmo e nobreza. Já que não sou especialmente talentoso, nem heróico, enfrentar a morte foi especialmente difícil. O medo e a incerteza que tomaram conta de mim quando soube que tinha um câncer fatal foram pior do que a própria idéia de morte. Voltando os olhos para aqueles primeiros dias de choque, vejo, agora, que eu e minha família sofremos por uma morte que ainda não chegara. Mas, discutindo a morte e fazendo abertura para falar de câncer e seus problemas, vi que me preocupava mais com a vida do que com a morte.

Em outras palavras, enquanto não se compreende que a morte é parte da vida, acho que não se pode gozar realmente a vida. Porque me sinto assim foi que pude responder a um homem que recentemente me disse termos ambos em comum o fato de estarmos morrendo de câncer: "Não. O que temos em comum é o fato de estarmos ambos vivos."

Um destes dias uma meninazinha disse à minha filha de nove anos, na escola: "Vi seu pai na TV e ele está morrendo de câncer, não é?"

"É sim" — respondeu minha filha. "Mas ele ainda não está morto!"

Não estou mesmo. Hoje é onde estou e hoje eu estou vivo. Não tenho qualquer preocupação especial com o ontem ou o amanhã. Minha preocupação é com o *hoje*. . . o agora mesmo! Estou tentando fazer com que o tempo conte.

Nova compreensão da vida

Olhando para trás, acho difícil acreditar, hoje, que sou a mesma pessoa que culpava Deus pelo câncer e que duvidava de Sua existência. Talvez, em meu caso, a morte me tenha dado a compreensão da vida.

Uma noite em que tive dificuldade para dormir, escrevi uma prece que diz assim:

Nosso Pai que estás no céu
dá-me força para enfrentar cada noite
antes do amanhecer.
Dá-me coragem para observar meus
filhos brincando
e minha esposa a meu lado,
sem traço de tristeza em meu sorriso;
deixa-me contar cada momento que passa,
como outrora marquei os fugitivos
dias e noites,
e dá-me esperança para cada manhã.
Que meus sonhos sejam sonhos do futuro.
Mas quando a vida terrena terminar,
faze com que não haja pesar,
mas só alegria pelos dias de ouro que tive.
Amém.

Leram a profunda filosofia e a fé de um homem que está demonstrando, de maneira prática, que é possível enfrentar seja o que for. Leram a sensata, profunda descrição de vida nivelada à altura da vitória. Esse é o vibrante princípio positivo em ação.

Minha mulher Ruth e eu almoçamos com Orville e Wanda e outros amigos, num dourado dia de outono, quando as colinas de *Dutchess County,* recobertas de bordos e carvalhos, estavam no auge de sua gloriosa coloração. Sentamo-nos num restaurante de beira de estrada, com trânsito pesado fluindo. Além da estrada, porém, havia um prado, além do prado havia as colinas. No prado as vacas pastavam.

Orville olhava para além do trânsito. Olhava para o gado, para o prado e para as colinas com suas vestes feitas de ouro e púrpura, e, com os olhos úmidos, disse: "Que pode haver de mais belo do que vacas pastando pacificamente numa paisagem outonal?" Ficou silencioso por um momento, depois disse, meditativo: "Esta manhã, vindo de Connecticut, vi um cardeal pousado numa estaca de cerca. Parecia tão brilhante e tão feliz. Penso que me lembrarei sempre daquele pássaro pousado na cerca, numa bela manhã de Connecticut".

Não eram só os seus olhos que se mostravam úmidos enquanto ele falava. Todos nós, em torno da mesa de um restaurante movimentado, tornamo-nos agudamente conscientes da vida triunfante de nosso amigo. Tornamo-nos, realmente, conscientes de Deus naquele momento, de Deus que pode fazer um ser humano tornar-se um espírito vitorioso. Por favor, acreditem, porque isso é a verdade. Podemos enfrentar seja o que for — realmente podemos.

Que sugestões foram feitas neste capítulo para ajudar-nos a enfrentar?

1. Tomemos a vida e seus problemas com as duas mãos.
2. Então, coloquemos nossas mãos nas mãos de Deus.
3. Recordemos que Deus estará conosco através de qualquer coisa, e que portanto devemos ficar junto dele.
4. Mantenhamo-nos imperturbáveis — jamais entremos em pânico. Sejamos filósofos. Pensemos, pensemos sempre. Não reajamos emocionalmente. Usemos a cabeça; pensemos. Veremos que somos capazes de enfrentar.
5. Acreditemos sempre que podemos, e descobriremos que de fato podemos.
6. Auxiliemos outras pessoas a enfrentar seus problemas, e os nossos ficarão mais fáceis de enfrentar.
7. E, sempre — façamos o dia de hoje contar.

DÉCIMA FORMA DE MANTER A CONTINUIDADE DO PRINCÍPIO POSITIVO

O fabuloso segredo do pensamento enérgico e vital

"Se fizéssemos todas as coisas que somos capazes de fazer, nós próprios ficaríamos literalmente estupefatos." Isso foi dito pelo grande gênio inventivo e pensador que foi Thomas A. Edison.

O leitor já ficou estupefato consigo mesmo? Eu fiquei? A pergunta é provocante e embaraçadora, não é? Mas se potencialmente possuímos toda essa capacidade — e de ser assim, já que uma grande autoridade como Edison é quem o diz — então o caso é de "como pode ela ser liberada?"

Descobri que uma forma de liberar o potencial do indivíduo é ativar o fabuloso segredo da energia e da vitalidade. Acrescente-se a isso a enfatização do princípio positivo e qualquer pessoa poderá tornar-se completamente diferente, na verdade muito diferente.

Um médico pediu-me que fosse ver um homem que ele, bem deselegantemente, descreveu como "nadando em dinheiro", mas que estava de todo carente de energia e vitalidade. "Eu continuo a mimá-lo e a dar-lhe pílulas, mas essa espécie de tratamento não está de acordo com a minha idéia de medicina ética. Ele não está realmente doente, mas o que está doente de fato é o seu pensamento. É pessoa de real capacidade, mas está longe de funcionar como tal. Que acha de dar uma sacudidela nesse camarada? Quem sabe se o seu tipo de medicina lhe fará bem?"

Assim terminou a viva história de um caso, contado por um médico que, apesar disso, tinha intuições bastante agudas, não só sobre a incapacidade humana, mas também sobre reações psicológicas.

Vi o paciente sem energia

Quando cheguei ao suntuoso apartamento o homem entrou em longa e detalhada descrição das sensações doentias de sua mente e corpo, e de como se sentia fraco, desanimado e inteiramente abatido. "Eu era muito pronto para a ação" — declarou ele com voz fraca — "mas agora pareço não ter mais energia do que um gato." Achei a sua uma comparação pouco exata, considerando que todos os gatos que conheço, embora possam parecer preguiçosos, podem pular e saltar como bala que sai de uma carabina.

Enquanto conversávamos, recordei o sábio conselho de meu bom amigo Dr. Z. T. Bercovitz, que diz: "para entrar no tom é preciso entrar na afinação". Assim, eu disse: "Veja, não sou médico, como o senhor sabe, mas tento servir como uma espécie de médico da mente e talvez também da alma. E há muitos médicos acreditando que não poucas sensações de doença física e desânimo têm origem em atitudes mentais e espirituais doentias."

Ele pestanejou ao ouvir isso e lá se foi em extensa descrição de sua mãe e seu pai "sempre pobres de bens terrenos, mas grandes cristãos. Sim, senhor, verdadeiros cristãos. Na igreja, todos os domingos", etc. etc.

"Bem" — respondi eu — "o que eles foram pode não ter relação com o que o senhor é, mas de passagem, tem qualquer evidência de que a piedade deles desvaneceu-se na sua pessoa?"

Ele começou a perceber o caso, porque, respondendo a essa pergunta, disse: "Acho que aí o senhor me pegou. Tenho de admitir que sou um bom patife. Tenho passado por todos os pecados registrados. O senhor escreveu um livro sobre o pensamento positivo, mas está diante do maior negativista desta cidade. Diga-me o que vai fazer neste caso."

"Não se trata do que eu irei fazer, mas do que *o senhor* vai fazer. Caretear por aí, com pensamentos negativos, um pseudo-enfermo pelo resto da sua vida? A propósito, que idade tem?"

"Tenho cinqüenta e dois anos, e bem vividos."

A essa altura estava gostando mais daquele homem a cada minuto porque, no fundo, ele era basicamente honesto e franco. E tinha um cérebro forte, também; isso não se podia negar. Possuía tudo, na verdade, para ser um homem íntegro e sadio.

"Ouça" — disse-lhe eu — "que tal drenarmos toda essa infecção mental e espiritual que está sabotando sua energia e deixando todo o seu sistema cansado e sem vitalidade?"

Talvez ele tivesse desejado, inconscientemente, esse tipo de tratamento, porque começou a abrir-se e a tornar-se claro. De início foi duro para ele discutir assuntos íntimos com um estranho, mas penso que confiou em mim como pastor, porque começou a deitar fora um amontoado de pensamentos doentios e ações mórbidas que alcançavam a época da juventude. Sofria um enorme sentimento de culpa, e, apesar do seu comportamento bombástico, estava, e isso era surpreendente, cheio de muitas atitudes de inaptidão e inferioridade.

Finalmente, perguntou, em quase lamento, se eu pensava ser possível que Deus o perdoasse.

"Por que não faz essa pergunta a Ele?" — sugeri.

"Quer dizer, agora? Eu nunca rezei em público."

"Ora, eu não sou o público, sou seu amigo. Vamos, peça-Lhe que o perdoe."

Isso ele fez em lentas e hesitantes palavras, mas com grande sinceridade.

"Sentiu que o Senhor lhe disse algo?" — perguntei.

Com um ar maravilhado e muitíssimo alívio no rosto, ele disse: "Estou perdoado, realmente sinto que estou perdoado. Lembro-me que Ele disse que tudo quanto temos a fazer é pedir. Ele ouve e perdoa. Mas ainda não me sinto tão em paz quanto esperava."

"O senhor tem mais uma coisa a fazer, ou talvez duas coisas. A primeira é perdoar a si próprio. Veja" — continuei — "todos temos um censor íntimo que nos diz que devemos ser punidos pelo mal que fizemos. E é um censor muito difícil de desviar. Mas o senhor teve sua cota de sofrimento auto-administrado, portanto diga em voz alta: "Eu agora me perdôo, como Deus me perdoou."

"Isso" — disse ele, depois de ter repetido aquelas palavras — "faz sentido — uma grandíssima carga de sentido."

"Está bem" — disse eu — "a segunda coisa é acreditar que em nome de Deus, e em seu próprio (eu me lembrava do diagnóstico do médico), o senhor é um homem que está bem. Acredite nisso, realmente. Agora, levante-se, saia daqui e ponha-se a agir."

Ele levou-me até a porta, deu-me um esmagador aperto de mão, bem diferente da mão frouxa que me estendera antes.

"Mantenha a continuidade desse velho e bom princípio positivo" — recomendei.

"Manterei, com certeza" — declarou ele. — "Pode observar e verá."

Eu o observei. E vi. Uma semana depois chamei-o ao telefone para saber como estava passando e soube que voltara ao trabalho, com força total. E assim continuou, com vitalidade e entusiasmo.

Não quero insinuar, contando a história dessa rápida recuperação, que sou um curador, ou que casos assim resolvem-se tão de imediato. Realmente, em certo sentido, aquele homem curou a si próprio através de completa entrega a Deus. E continuou com energia e vitalidade restabelecidas por uns vinte anos mais, porque eu o vi com freqüência em nossa congregação da *Marble Collegiate Church*. E, conforme ele me disse: "Estou na radiação mental e espiritual e nunca mais sairei dela." Manteve essa promessa até morrer num acidente, aos setenta e três anos de idade.

O caso foi esclarecedor e educativo também para mim, porque mostrou o poderoso efeito de um padrão mórbido de pensamento sobre as reações do corpo. Muitas vezes, desde essa experiência, tenho feito esse trabalho de reabilitação em meus próprios pensamentos, quando me sinto cansado, enfraquecido, ou com as energias diminuídas por qualquer motivo. Podemos ter, inconscientemente, um bloqueio mental de pensamentos doentios, que pode resultar em abatimento, ou mesmo em grave enfermidade. Tal coisa pode, isso é certo, reduzir a eficiência. O fabuloso segredo do pensamento vital e enérgico deve ser usado na ativação do princípio positivo. E, invariavelmente, o resultado é uma renovada força de personalidade.

Façamos contato com a força vital

Foi num trabalho de Myrtle Fillmore que, com seu marido, fundou a Escola Unidade do Cristianismo, que eu tomei primeiramente conhecimento da importância do conceito de força vital. Isto está baseado no princípio de que não fomos criados nem dotados com existência vital apenas para ver tudo isso declinar desde o início. A verdade é que podemos ter, constantemente, um processo de renovação através do qual a poderosa força da vida é permanente na restauração da vitalidade. Observei que aqueles que praticam o fabuloso segredo da energia e vitalidade de pensamento mantêm vibrante força em ação, extraordinariamente, a despeito de todos aqueles inimigos do bem-estar que tendem a abater o vigor.

Através dos anos de um programa extremamente ativo, escrevendo, falando, editando, publicando e administrando, mantive minha energia e vitalidade em ação, afirmando, constantemente, a força de vida, visualizando-a a fluir sem cessar de minha mente e de meu corpo. Essa prática tem, invariavelmente, renovado forças e mantido um livre fluxo de energia operando sem diminuição.

Sinto-me cansado, às vezes, mas nunca de um cansaço que uma boa noite de sono não deixe de curar. Meu tipo particular de trabalho requer que eu mantenha várias bolas no ar, ao mesmo tempo, por assim dizer, sendo chamado, como sou, a tomar decisões, diariamente, em relação a vários assuntos. E há sempre a necessidade de continuar produzindo. Desde que, sem energia e vitalidade não exista pessoa ativa que possa sustentar um programa denso, é da maior importância aprender como manter a continuidade daqueles fatores.

Como um médico conseguiu isso

Nos meus anos iniciais em Nova Iorque, quando estava constantemente engrenando um crescente programa e sofrendo a tensão que quase sempre acompanha essa violenta atividade, fiz amizade com o hoje falecido Dr. William Seaman Bainbridge que praticava a medicina no *Gramercy Park,* em Manhattan. Era um homem extremamente ocupado, não só em sua própria profissão como em muitas sociedades e organizações, das quais era, coisa inevitável, o líder.

Um dia fiz uma enérgica palestra para o Rotary Club de Nova Iorque, onde eu era um dos membros e ele o presidente. Aquelas reuniões são programadas para terminarem exatamente às 13,45 horas, porque os rotarianos são todos homens de negócios e profissionais que têm horários a cumprir. O Dr. Bainbridge, que tinha sempre o consultório repleto de pacientes à sua espera, marcava o início das atividades da tarde para as 14 horas.

"Vamos, Nornam" — disse ele, apressado — "vamos tomar um táxi e ir à cidade juntos. Quero que pare no meu consultório por uns cinco minutos, de passagem para o seu gabinete de trabalho." Chegamos às 13,50 horas à velha casa de arenito pardo de *Gramercy Park* e fomos para a sala particular. Lá fora, na sala de espera, havia uma formidável fila de clientes.

"Foi uma bela palestra a sua, no Rotary" — disse ele. "Você, decididamente, desabafou. Deve estar muito tenso e eu também estou. Temos de refrescar as idéias. Vamos afrouxar a tensão e deixar que a velha energia e a vitalidade voltem, para compensar o grande dispêndio de energia que fizemos."

Assim dizendo deixou-se cair num cadeirão, as pernas esticadas, os braços pendurados sobre os lados da cadeira, a cabeça apoiada no encosto. "Faça o mesmo" — disse ele. E eu deixei-me cair da mesma maneira.

Depois de um minuto de silêncio ele disse: "Paz e quietude estão penetrando em nossa mente. Está havendo, agora, a renovação de nosso corpo físico. Estamos sendo criados de novo, em todas as seções do nosso ser. Estados recebendo controle de energia suficiente para as nossas necessidades." Outro momento de silêncio seguiu-se a essa admirável afirmação. Depois, ele concluiu, na sua maneira bondosa: "Está bem, agora estamos prontos para uma tarde trabalhosa. Isto foi uma receita para você, meu amigo." A seguir chamou seu primeiro cliente enquanto eu seguia para o centro da agitada cidade de Nova Iorque "ansioso para agir". Tenho seguido fielmente o método do doutor para renovar a própria energia, desde que ele me deu aquela lição há trinta anos.

Como um embaixador obteve a continuidade

Lawrence Townsend, que foi embaixador na Áustria e em outros países, era um homem vigoroso, alto e flexível em sua nona década de vida. Seu porte ereto revelava treinamento militar quando jovem. Tinha toda a cortesia e o *savoir-faire* que estão tradicionalmente ligados aos embaixadores, e era amigo íntimo do falecido Rei George V e da Rainha Mary. Eu o conheci muito bem em seus últimos anos e visitei-o, um dia, em sua casa da Flórida.

Encontrei-o no seu "local de meditação", em espaçoso jardim da residência. Era um recinto de madeira tingida, uma espécie de cabina feita de troncos, sem cobertura, inteiramente aberta ao sol. Ele estava de calção de banho e reparei que tinha a pele esticada, o corpo musculoso, sem gorduras e bronzeado. Seus olhos brilhavam e seu rosto abria-se num sorriso ao receber-me.

"Desculpe esta recepção informal, mas estou realizando meu ritual diário de vitalidade e energia. É uma prática que me tem mantido forte em toda esta longa arrancada" — explicou ele. "Desculpe-me por um momento enquanto eu me visto. Depois iremos conversar e almoçar."

"Não, Lawrence, não se interrompa. Eu próprio posso aproveitar um bom ritual de energia e vitalidade. Por favor, deixe-me ver o seu processo."

Assim encorajado, e sendo um animado crente dos processos afirmativos, o Sr. Townsend disse: "Está bem, lá vamos nós." Então ficou de pé, o corpo reto, "procurando o céu com o alto de minha cabeça", conforme disse. Fazendo isso ele colocava todos os órgãos eu seu lugar e corrigia o afrouxamento que desfigura a forma física de tantos entre nós. Então, levantou os braços e "procurou o céu" com seus dedos. Seguiu-se um tipo comum de exercício e pude ver os fortes músculos movimentando-se sob a pele.

"Isto quanto à parte física" — disse ele, respirando facilmente, sem bufar nem mostrar qualquer sintoma de exaustão. "Agora vem o exercício mais importante: o mental e espiritual." Ainda de pé, ereto e alto, disse algo mais ou menos como se segue, que copiei palavra por palavra, na ocasião, e pratico tão freqüentemente que, embora a fórmula escrita há muito tenha desaparecido, ainda permanece na memória:

"Senhor Todo-Poderoso, meu Criador e Pai Celestial, assim como o sol brilha no céu sobre mim e renova meu corpo, a luz solar de vosso grande Espírito aquece a minha mente e a minha alma renovando em mim o poder de Vossa prodigiosa graça."

Ele usava as velhas e solenes palavras de modo muitíssimo comovente. E continuou: "Agora estou esvaziando a minha mente de todo o pensamento, idéia ou lembrança que não esteja em harmonia com a Vossa bondade. Afasto, com estas palavras, de minha percepção, qualquer pensamento egoísta, mau e indesejável. Desprendo-me de todas as atitudes menos caridosas, de todo o medo e de qualquer vestígio de má vontade e ressentimento. Assim, estando a minha mente vazia e limpa de todos os pensamentos doentios, Vós a estais enchendo agora com pensamentos de bondade, amor e fé. Obrigado, Senhor amado, porque sinto neste momento o Vosso poder revigorante e renovador. E isso é maravilhosamente bom! Obrigado, obrigado."

Fórmula de agradecimento

A isso ele acrescentou o que chamava "a fórmula de agradecimento". Ainda de pé em toda a sua estatura disse: "Obrigado, ó Criador, por meu corpo maravilhoso que só Vós podeis fazer; por meu forte coração, meu bom estômago, meu fígado sadio; por meus olhos penetrantes, meus ouvidos sensíveis e meu cérebro; todas as partes de meu corpo estão me servindo agora como quando eu era um jovem. Então, Pai Celestial, obrigado por essa minha parte imortal, por minha alma, que mais uma vez coloco sob o Vosso cuidado. Afirmo meu desejo de servir-Vos todos os dias de minha vida, até que venha a noite e eu entre em repouso e na vida eterna, ainda convosco a quem sempre amei. Obrigado pelo Vosso bondoso perdão e pela paz mental que me dais todo o tempo, todos os dias."

Eu ali fiquei de pé, fascinado, admirando aquele homem nada comum. Há quem possa considerar o que acabo de descrever como algo de excêntrico, mas posso assegurar que aquele homem era tão inteligente como os mais inteligentes, uma alta, inovadora e eficiente personalidade. Viveu, sadio e forte, até os noventa e cinco anos. Então, uma noite deitou-se para dormir e não mais acordou neste mundo mortal.

Eu não duvido que na manhã seguinte, em algum brilhante e mais belo local de meditação, ele esteja ainda praticando seu ritual de energia e vitalidade de pensamento. Muitas das pessoas às quais sugeri aquele processo testemunharam a sua eficácia. Eu próprio o sigo, com freqüência, e ele realiza maravilhas no processo de renovação de energia. Todos podem segui-lo em sua própria casa, mesmo que não haja sol. O sol pode ser induzido, mentalmente. Cada órgão do corpo responderá, e haverá uma sensação de bem-estar. Tentem esse aspecto do princípio positivo e mantenham-no em ação, pois ele lhes dará a continuidade.

Não se arraste através da vida

É um fato patético: milhares de pessoas arrastarem-se através da vida, de forma enfadonha, com pouco ou nenhum do estímulo e do entusiasmo que deveriam, normalmente, caracterizar o ser humano. E a grande maioria de tais pessoas nada tem de errado quanto ao físico, provavelmente. Contudo, tratam com os deveres e responsabilidades da vida de forma irregular, a contragosto, deixando-se apenas ir. Quando uma pessoa apenas se deixa ir é de se supor que não chegue a parte alguma. Sob tais circunstâncias a vida pode, necessariamente, ser apenas parcial. O "bom-melhor-ótimo" que podia representar não chega a existir.

Mas quando uma pessoa desse tipo tem uma experiência real, proporcionadora de energia e vitalidade, fica estupefata com a poderosa e nova qualidade de vida que tudo transforma para ela. A frase de Thomas A. Edison que citamos anteriormente aplica-se a isso, de maneira espetacular: "Se fizéssemos todas as coisas que somos capazes de fazer, ficaríamos literalmente estupefatos conosco mesmo." Assim, vale a pena encontrar e praticar o fabuloso segredo do pensamento enérgico e vital. Os sentimentos velhos, cansados, melancólicos serão eliminados com o avolumar-se de uma infusão de interesse, entusiasmo e estímulo.

Mulher de carreira fica exausta

Uma caso de renovação pessoal de energia que eu muito gosto de contar é o referente a uma brilhante e muito ativa mulher de carreira de Nova Iorque, grande amiga da Sra. Peale e de mim próprio. Essa pessoa enérgica estalou, finalmente, sob o peso de um ritmo de vida incontrolável e desarrazoado. E sofreu um colapso nervoso que tomou a forma de completa drenagem de energia e vitalidade. Outrora dinâmica, estava agora apática e extenuada. Ficava olhando para a frente, alheia e desinteressada, o espírito deteriorando-se, tristemente, transformada, completamente diferente da pessoa animada e competente que fora.

Seu médico sugeriu mudança de cenário e ela foi para uma cidade balneária onde perambulava, desconsolada, ou ficava sentada, esgotada e inerte.

Então começou a ir à praia, não para nadar, mas para sentar-se ou deitar-se na areia, indolente. Estava-se fora da temporada e a praia ficava praticamente só para ela, que gostava de solidão, já que aquela pessoa, outrora tão gregária, agora evitava gente. Cansava-a demais falar com alguém.

Embora o tempo estivesse ficando mais frio, ela passava muitos dias na praia. Um dia, subitamente, começou a rezar em profundidade. Era pessoa religiosa, inclinando-se um tanto para a verdade científica espiritual, e acreditava na realidade da cura divina que não considerava incompatível com o tratamento médico.

Começou a rezar especialmente para a cura daquele seu estado. E teve um estranho sentimento de certeza de que sua prece estava sendo atendida.

E isso veio de maneira curiosa. Um dia, estando ela deitada na praia, entre a relva alta da areia, começou a ouvir o som da quebrada das ondas, e, apurando o ouvido, reparou na regularidade do ritmo quanto ao avanço do mar sobre a orla. Então seus olhos se pousaram numa simples folha laminada de vegetação praiana, que a brisa fazia mover-se graciosamente. Observando, viu que aquilo também se movia com ritmo, e que o vento que a agitava era igualmente ritmado.

Ocorreu-lhe tomar o próprio pulso e, surpreendentemente, ele também tinha um ritmo não diferente do ritmo do mar, da folha e do vento.

Impressionada com aquele fenômeno ela meditou sobre a fascinante realidade contra a qual esbarrara. Tudo na natureza seria ritmo, inclusive seu próprio ser? Seria aquela a resposta à sua intensa prece para a cura? Viu-se pensando naquelas palavras que lhe eram familiares: "Deus move de forma misteriosa as maravilhas que realiza." Subitamente, um pensamento curador faiscou em sua percepção. Seu mal era ter saído do ritmo, em seu pensamento. O resultado fora não mais poder trabalhar com facilidade. Tinha havido excessivo e supertenso açodamento e não-suficiente distensão emocional controlada. "Eu preciso é daquela coisa maravilhosa que se chama 'a paz de Deus, que fica para além de toda a compreensão' " (Filipenses, 4:7). Agora ela estava a caminho da recuperação, compreendendo, intuitivamente, que a renovação do corpo se seguiria à renovação da mente e do espírito. Paulatinamente, com a prática consistente no princípio rítmico, ela descobriu o segredo do pensamento de energia e vitalidade e teve um retorno integral de saúde e vigor.

Gosto dêssa história verdadeira, que tenho contado com freqüência a pessoas nas mesmas condições, porque ela ilustra o princípio positivo e uma verdade técnica da unidade e da sistemática organização da personalidade. Traz consigo um profundo e prático princípio de verdade: entre em ritmo com a natureza, consigo mesmo, com seu trabalho, com as outras pessoas e com Deus, e conhecerá, verdadeiramente, a jubilosa integridade da vida. Não é necessário ir para alguma praia solitária e deitar-se na areia para obter esse resultado. Esse processo de renovação de energia e vitalidade pode ser empregado onde estivermos e a qualquer tempo, pois é um exercício de terapia mental.

Nunca devemos deixar-nos ser impelidos ou agitados de tal forma que o nosso fluxo rítmico de personalidade seja deslocado de seu centro. Um processo importante para mim, para o leitor, para todos nós neste mundo moderno e altamente retesado, de pessoas supertensas, é o de conservarmo-nos trabalhando em harmonia ritmada com o fabuloso segredo do pensamento de energia e vitalidade. A cada dia, reservemos uns momentos tranqüilos para pensar energia, pensar vitalidade, realmente "vendo" a força de vida atuando em nós. Assim, enfatizando e reforçando tão criativa experiência operacional, nossa energia e vitalidade continuarão a existir, continuarão, continuarão. Teremos o princípio positivo trabalhando para nós.

Eu sei que esses princípios de energia funcionam

É com absoluta segurança que advogo esses princípios de pensamentos de energia e vitalidade aos meus leitores, porque eu os apliquei com sucesso em minha própria experiência. Na verdade, nada neste livro é apresentado teoricamente, porque todos os seus princípios foram testados, tanto por mim, pessoalmente, como por pessoas em cuja integridade e honesto julgamento tenho a mais completa confiança.

Durante um período de seis meses fiz um programa de redução de peso, perdendo um número substancial de libras nesse processo. Tudo ia bem até que comecei a sentir períodos de enfraquecimento e de surpreendente diminuição de energia, com a correspondente queda de vitalidade. Até então eu sempre havia gozado de um aparentemente infinito suprimento de energia e vitalidade, e aquela sensação nova de fraqueza era perturbadora, ou mesmo desnorteadora. Fui aconselhado a modificar a minha dieta, incluindo nela, moderadamente, alguns itens que tinham sido eliminados para que o peso se reduzisse. Mas, tendo me esforçado tanto para perder aquelas libras, não estava disposto a receber algumas delas de volta.

Medicação para reforçar a energia foi receitada. Durante alguns dias, pela manhã, tomei pílulas que deviam gerar energia, e que realmente, tiveram certo efeito. Então, resolvi que não queria um aumento de energia através de drogas, por muito inocentes que fossem. Assim sendo, e supondo que meu problema era basicamente de natureza mental, comecei uma rotina correta de visualizar ou imaginar a mim mesmo como tendo, em toda a sua extensão, a minha antiga energia. Diariamente, fazia enérgicas afirmações, declarando que a força da vida estava revitalizando minha mente e meu corpo. Afirmei o valor, em termos de saúde, da perda de peso, dizendo que todo o meu sistema estava reagindo a isso com um novo vigor. O efeito desse procedimento foi se fazendo cada vez mais patente a cada dia que se passava. A dieta, vastamente reduzida, continuou, o peso desceu a um baixo nível, mas a sensação de fraqueza desapareceu e o meu padrão visual de enérgica vitalidade retornou em toda a sua extensão.

Há, naturalmente, casos de perda de energia que têm natureza basicamente física, e nessa instância o tratamento médico com medicamentos é o indicado. Quando a perda de energia ocorre, devemos consultar um médico e seguir fielmente o tratamento prescrito. Mesmo em tais casos, contudo, o tratamento mental pode servir como auxiliar no processo de recuperação.

Junto ao trabalho médico e mental, a aplicação da teoria espiritual dificilmente deixará de ter um efeito salutar. Conheço um médico que, nos casos de perda de energia, acrescenta à sua receita normal uma "receita espiritual" verbal. Aconselha seus pacientes a passarem todos os dias pela sua mente as seguintes palavras, que ele diz saber que auxiliam a recuperação: "Os que esperam no Senhor terão sempre novas forças, tomarão asas como águas, correrão e não se fatigarão, andarão e não desfalecerão" (Isaías, 40:31). Essa afirmação do princípio positivo é um agente viável para a produção de energia.

Motivação terminou com a inércia

Numa reunião da associação comercial nacional em que falei aos delegados no banquete de sua convenção anual, usei como tema "Por que os pensadores positivos obtêm resultados". Depois de minha fala um homem perguntou se poderia falar comigo sobre um assunto que parecia afligi-lo consideravelmente. Demonstrava ter cerca de 45 anos, mas para minha surpresa tinha 35, dez anos menos do que eu supusera. O aspecto envelhecido resultava do ar contraído de seu rosto e do fato de trazer os ombros caídos. Dava a impressão de uma pessoa que se recuperava lentamente de uma doença e parecia ter o espírito muito abatido.

Sentamo-nos no saguão do hotel e ele explicou que não estava se resolvendo a coisa alguma nem sentia mais prazer pelo trabalho. Esse trabalho, ao que parecia, era uma posição de executivo, nem em baixo nem no topo, e ele comentou, sombriamente: "Uma coisa é certa — não espero ir além nos negócios. Cheguei ao máximo."

"Por que não?" — perguntei, acrescentando: "E qual é o seu 'máximo'?"

"Oh!" — respondeu, num tom cansado e deprimido — "ninguém pensa grande coisa a meu respeito. Sabem que minha cuca não é das melhores. Estou posto de lado e o que me admira é que não me tenham despedido. Não os censuraria, se fizessem isso."

"Nunca deu idéias novas, alguma sugestão vigorosa, inovadora? Convive, realmente, com o time da companhia? Mostra interesse no que se passa? Está remando com toda a sua força?"

"Oh! Não! Nunca tenho idéias. Assim, como posso ser inovador? Além disso, pela manhã sou pessoa lenta e nunca chego a ser forte em hora alguma."

Suspeitando da possibilidade de algum problema físico, perguntei se ele teria feito um *check-up,* e soube que o fizera com sucesso, havendo apenas um comentário do médico sobre certa apatia. A não ser por isso, sua saúde era passável.

Então ele me surpreendeu. "Detesto dizer-lhe isso" — e em seu tom havia bastante timidez — "mas li o seu livro 'O Poder do Entusiasmo', e ele realmente me sacudiu, inflamou-me e durante algum tempo eu me movimentei. Então o entusiasmo começou a vazar, e olhe agora para mim!"

Quando lhe perguntei qual teria sido a causa daquele vazamento, ele começou a me falar em alguns bloqueios e obstáculos. "Eles me derrubaram" — confessou.

"Mas, meu amigo" — expliquei — "esse entusiasmo não era real, não era autêntico, se não resistiu a alguns golpes e reveses. Entusiasmo não é coisa para bom tempo e caminho fácil. Quase todos podem mantê-lo nessas condições. É quando os reveses aparecem — e é da natureza do revés nunca vir só, mas aos cachos — que o entusiasmo precisa funcionar. Ele se destina a dar-nos o estímulo necessário quando as coisas vão mal. Penso que o senhor não leu o livro sob essa percepção, ou talvez fosse eu que não lhe tivesse apresentado a idéia com clareza. Precisa dar outra chance ao entusiasmo. Sabe o que a palavra significa, não sabe? Deriva-se de *entheos,* expressão grega para "Deus em ti". Posso sugerir, então, que o senhor está precisando de mais "Deus em si?"

"Mas como se consegue isso? Francamente, não entendo. Eu freqüento a igreja de vez em quando. Sou crente, mas acho que nunca me aprofundei nisso, pelo menos nos termos que o senhor está usando."

Tentei explicar que existe uma poderosa força energizante no princípio espiritual da vida. Toda energia começa com o Criador, que a infunde não só em todos os processos naturais, mas nessa forma mais alta da natureza chamada natureza humana. Quando mais de perto, então, a pessoa se identifique com o Criador, mais seguramente sentirá em sua própria natureza o processo de recriação que opera em toda a Criação. Aquele que permitiu o abatimento de seu espírito pode ser renovado se voltar a mente para o Criador, cuja função é tanto recriar como criar. Citei a passagem da Bíblia que traz esse tipo de raciocínio: "Nele vivemos, nos movemos e temos nosso ser" (Atos, 17:28). Isso quer dizer que no Criador e Recriador nós vivemos (temos vitalidade), nos movemos (temos energia), temos nosso ser (funcionamos como pessoa bem organizada).

Foi esse todo o tempo que tivemos para conversar. Apertamo-nos as mãos e nos separamos. Contudo, ele manteve contacto. Tendo ido para casa aconteceu-lhe falar a um amigo sobre a nossa conversa, e ficou surpreendido ao saber que também ele tinha descido pelo mesmo declive, mas encontrara a resposta que havia modificado suas atitudes e, assim, o modificara. Esse amigo levou o nosso homem a um almoço semanal que reunia homens de negócio, reunião essa espiritualmente orientada, onde ele foi acolhido calorosamente.

Mais tarde, disse-me: "Aqueles homens, todos líderes em nossa cidade, tinham um tipo de vida que eu jamais vira antes. Através de sua bondosa compreensão, depois de freqüentar aquelas reuniões por algumas semanas, finalmente fiz por mim mesmo o que o senhor me havia sugerido e estou certo de que encontrei a Força. O velho entusiasmo está de fato retornando. É surpreendente verificar como essa nova motivação me está livrando da inércia que me ia arrastando para o fracasso."

Aquele homem modificou seu padrão depressivo através do uso do fabuloso segredo do pensamento de energia e vitalidade. Encontrou o princípio positivo, e agora sabe como manter a continuidade dele.

Ele curou sua atitude mental

Eu observava Gary Nolan, um astro arremessador do time de *baseball* da *Cincinnati Reds National League,* quando arremessava brilhantemente na partida de desempate da temporada de 1975, contra os *Pittsburgh Pirates.* Antes, porém, que Gary Nolan pudesse garantir aquela vitória sobre o poderoso time desafiante, teve de conseguir uma vitória pessoal sobre o pensamento negativo. A seguinte história, publicada por um jornal, e que aqui reproduzimos literalmente, descreve muito bem o processo de controle mental que precedeu o controle de braço daquele grande arremessador. E descobriu o segredo da energia e da vitalidade através da aplicação do princípio positivo. Mas leiam a descrição:

> A bola de fogo que é o arremessador Gary Nolan atribui ao Dr. Norman Vincent Peale e à filosofia de seu livro "O Poder do Pensamento Positivo" a salvação de sua carreira no *baseball.*
>
> Nolan confessa que estava disposto a abandonar aquele jogo, aos 26 anos de idade, antes que as palavras do Dr. Peale o inspirassem para fazer uma volta espetacular.
>
> Nolan era um jogador dentro do *Cincinnati Reds,* antes do jogo *All Stars,* em 1972, obtendo o recorde sensacional de 12-3.
>
> Mas logo depois teve problemas com o ombro, problema que desde então o atormentou.
>
> Surgiu-lhe um grande esporão ósseo de tamanho inusitado, que roçava dolorosamente contra seus músculos lindamente condicionados. As coisas pioraram tanto, que Nolan anunciou sua retirada em meio à temporada de 1974.
>
> Cirurgia durante o inverno e auxílio vindo do livro do Dr. Peale puseram-no de novo na rotação de saída.
>
> "Eu estava mais por baixo do que barriga de cobra" — disse Nolan. "Mas isso foi até o momento em que me lembrei do sujeito que tinha muita pena de si próprio por não ter sapatos até encontrar outro sujeito que não tinha pernas."
>
> Da profundeza de seu desespero, mas ainda esperando recuperar a forma que fizera dele um dos maiores arremessadores da Liga Nacional, Nolan submeteu-se ao bisturi do cirurgião.
>
> Foi uma escolha relutante.
>
> "Eu não queria aquilo" — disse Nolan. "O caso era puramente psicológico. Fale em cirurgia perto de qualquer arremessador e todos ficam silenciosos."
>
> Mas a operação foi um sucesso. Os médicos removeram o esporão, mas não a impressão de dois anos de fracasso no arremesso que ficara na mente do esportista.
>
> Foi então que Nolan teve em mãos o livro de Peale, um dos mais avançados expositores de capacidade do homem para dominar até mesmo os maiores obstáculos com a estrutura mental correta.
>
> "Eu pedi o livro emprestado ao Tony Cloninger, antigo companheiro de time" — contou Nolan. "Ele o recebeu quando foi procurar o auxílio de Peale, e passou-o para mim num momento em que toda a minha confiança havia desaparecido."
>
> O livro enfatizava o poder do pensamento positivo e da força interior.
>
> Nolan leu as palavras cuidadosamente e recebeu o impacto integral da mensagem de Peale. Sua autoconfiança voltou. E ficou demonstrada em seu jogo.

Com um terço da temporada para trás, aquele atirador de 27 anos está entre os 15 melhores da liga, permitindo o mínimo de corridas por turno de arremesso.

E os *Reds* estão à frente dos *Dodgers* de Los Angeles, seus principais rivais e ganhadores da flâmula de 1974, por uma confortável margem.

O treinador do *Cincinnati,* Sparky Anderson, recebeu das mãos de Norman Vincent Peale um invisível arremesso auxiliar.

Resumindo a décima forma de manter a continuidade do princípio positivo:

1. Aprendamos o fabuloso segredo do pensamento de energia e vitalidade.
2. Esvaziemos a mente de todos os pensamentos doentios, substituindo-os por conceitos salutares e criativos.
3. Visualizemos a força de vida a trabalhar continuamente dentro de nós, recriando o corpo, a mente e o espírito.
4. Afirmemos diariamente — mais de uma vez — que estamos agora renovando a energia e a vitalidade.
5. Entremos em harmonia com o ritmo básico da vida que o Criador põe em movimento.
6. Recordemos a expressão de Edison: "Se fizéssemos todas as coisas que somos capazes de fazer, ficaríamos literalmente surpreendidos conosco mesmos."
8. Mantenhamos sempre atitudes mentais saudáveis.
9. Relacionemos toda a atividade ao princípio positivo e sigamos, com força, todos os dias, a todo vapor.

Com esta técnica da [illegible] para [illegible] atleta atirador de [illegible] pontuação mínima de [illegible] por [illegible].

[illegible] Dodgers de Los Angeles seus principais [illegible] da temporada de 19[illegible], por uma [illegible].

O [illegible], Sparky Anderson, [illegible] pelo [illegible] inevitável, mesmo [illegible].

Resumindo a declaração de manter a continuidade do princípio positivo:

1. Aprendemos o fabuloso segredo do pensamento de energia e vitalidade.
2. [illegible] a mente de todos os pensamentos [illegible], [illegible] saudáveis e criativos.
3. A [illegible] a força de vida a trabalhar continuamente dentro de nós, [illegible] o corpo, a mente e o espírito.
4. Afirmamos diariamente [illegible] de uma [illegible], [illegible] energia e vitalidade.
5. [illegible] com [illegible] da vida [illegible] pôr em movimento.
6. [illegible] todos [illegible].

DÉCIMA PRIMEIRA FORMA DE MANTER A CONTINUIDADE NO PRINCÍPIO POSITIVO

Fé em profundidade sempre vence as dificuldades

Quando a montanha russa atingiu o alto da íngreme subida e começou a descida vertiginosa, o rapazinho ficou aterrorizado. Alucinado, já via o carro, em plena carreira, saltar do trilho matando todos que ali estavam. Tomado de terror agudo agarrou-se à barra que estava à frente. O pai, percebendo a reação do filho, pôs seu braço forte em volta dos ombros dele, aconchegando-o a seu corpo. Tranqüilizado por aquela evidência de proteção, o terror do menino ficou sob controle.

Vitória sobre o medo

Muitos anos após esse incidente num parque de diversões do Meio Oeste, o menino, agora um homem de 25 anos, ficou exposto a uma experiência de medo muito mais intenso. Dessa vez ele encontrou uma fé em profundidade que não só o susteve como realmente livrou-o para sempre do medo.

Jerry Adams contou sua estimulante e comovente história quando nos dirigíamos de carro para o aeroporto, certa manhã, depois de ter eu falado numa reunião em sua cidade. Tínhamos estado falando sobre o importante papel da fé no sucesso de uma vida, e o assunto referente ao medo destrutivo veio à tona. Jerry declarou, calmamente, que já não era dominado pelo medo, que estava certo de que nunca mais o seria, nem na vida, nem na morte. Isso dito com tranqüila segurança e completa ausência de bravata. Era evidente que Jerry obtivera aquela insondável qualidade de fé que elimina todo o medo. Alcançara a fé que vence as dificuldades.

Tendo profundo interesse na vitória humana sobre o medo, o maior de todos os adversários, perguntei o porquê daquela convicção tão resolutamente expressa. Soube que ela vinha de um incidente ocorrido com o U. S. S. *Oriskany,* um avião de transporte, ao largo da Costa do Vietnã.

Como navegador de bombardeiro, Jerry estava voando duas vezes por dia em missão sobre o território inimigo. Duas vezes por dia seu avião era catapultado ao ar. Esta não é exatamente a experiência mais calmante, como sei pessoalmente, pois eu próprio fui catapultado da pista do U. S. S. *Kitty Hawk.* Sobre o Vietnã do Norte, Jerry e seus companheiros enfrentavam o perigo do fogo antiaéreo. E a cada retorno os homens tinham de encontrar aquele pequeno ponto na pista de pouso sobre a vasta extensão do mar. Tudo isso dava ampla oportunidade ao medo de se manifestar. Mas o principal receio de Jerry era ser atingido e capturado por um inimigo reconhecidamente brutal.

A mais terrível das experiências

Então veio a mais terrível das experiências, entre todas, mas aquela em que ele veio a encontrar o benefício da completa libertação do medo. A tripulação do bombardeiro de Jerry constava do Tenente-Comandante Richard Walls e Tenente (J. G.) Ignatius Signorelli, e mais um guarda-marinha que ia para Saigon como passageiro.

A decolagem de um bombardeiro é sempre uma experiência pavorosa: lançar ao ar um avião de trinta e cinco toneladas, de um ponto fixo, a uma velocidade de duzentas milhas por hora, numa pista de porta-aviões com apenas 150 pés de comprimento.

A tripulação passou pelo exame e ficou pronta para partir. As cabeças contra o encosto próprio, os homens esperavam pela poderosa arremetida de catapulta. O ruído aumentava seu terrífico volume, a pressão crescia, o avião guinchava contra os cabos que o retinham. O rapaz que tivera medo naquela montanha russa do Meio Oeste, havia tanto tempo, ali estava sentado, à espera da arremetida da catapulta que o atiraria para outra missão. Ao invés da decolagem de rotina, entretanto, veio um forte solavanco, um choque, metal esmagado e dilacerado por toda parte. Os destroços do avião deslizaram pelos convés, passaram por sobre a margem e mergulharam furiosamente, de uma altura de cem pés, o equivalente a dez andares, metendo-se pelo mar com os homens ali dentro, como em uma armadilha.

Naquela trágica queda no oceano, a idéia da morte faiscou na mente de Jerry, mas, com ela, a dominadora impressão de que não estava sozinho. Teve a sensação da presença de Jesus, sentindo agudamente, sem a menor dúvida, essa presença. Soube, instantaneamente, que, fosse aquilo vida ou morte, ele seria protegido. Parecia-lhe sentir em torno de seus ombros o forte braço do Pai Celestial, e não houve pânico. Não houve medo.

Mergulhando da grande altura do convés do porta-aviões ele e seus companheiros foram impelidos até talvez cinqüenta pés de profundidade, na água, que escurecia cada vez mais, à proporção que avançavam. Lutando para encontrar a escotilha de escape, descobriu que não havia mais a carlinga. Nada mais restava. Ele ainda estava preso ao seu assento, e algo, sem dúvida parte do avião destroçado, roçava seus pés. Isso o fez pensar se chegaria à tona da água outra vez, pois não sentia suas pernas. Então, compreendeu que ambas as suas pernas estavam quebradas. Respondendo automaticamente ao seu treino da sobrevivência, livrou-se dos cintos de segurança da cintura e dos ombros, inflou seu Mae West, e, com os pulmões gritando a pedir ar, guindou-se para a superfície. Viu o vulto maciço do *Oriskany* apenas a alguns pés de distância. O porta-aviões passou tão perto que ele ficou sob o ressalto da grande nave. O comandante havia movimentado o porta-aviões para proteger os homens que estavam no mar, não fossem eles apanhados pelas gigantescas hélices do navio. Todos eles foram salvos. Jerry, levantado por um helicóptero, desmaiou devido às dores terríveis. Depois de doze meses de hospital e várias operações, pode andar novamente. Mas, terminando de contar sua dramática história, ele repetiu:

"Eu sei, agora, que o Senhor está sempre perto de nós, e nunca mais terei medo. E, quando a morte finalmente vier, não recearei, porque Ele estará ali, para tomar conta de mim."

Esse homem descobriu um dos maiores de todos os fatos desta vida. Talvez o fato supremo: que não estamos sós. Nessa experiência que o aproximou da morte, ele descobriu aquele definitivo valor que se chama fé em profundidade, a espécie de fé que vence todas as dificuldades. Antes dessa experiência, ele fora um freqüentador habitual da igreja, e, quando menino, tivera a educação da Escola Dominical. Mas aquilo era diferente — aquela nova fé em profundidade, que lhe trouxe funda e inabalável segurança e absoluta certeza, sem qualquer dúvida que fosse, de que, neste mundo, como no próximo, nada há a temer, porque o braço protetor do Pai está sempre em torno de nós.

Maiores do que as nossas dificuldades

Essa experiência do princípio positivo leva à compreensão de que somos maiores do que as nossas dificuldades. Por muito ameaçadoras, formidáveis, terrificamente assustadoras que possam ser, possuímos o potencial de poder para enfrentar as dificuldades e dominá-las. E o potencial ao qual nos referimos é a fé em profundidade, disponível para o ser humano, a força com a qual podemos mover montanhas de dificuldades. Recordam o que a Bíblia diz a esse respeito? "Se tiverdes fé, e não duvidardes... direis àquela montanha: ergue-te precipita-te ao mar, que assim será feito" (Mateus, 21:21).

Mas a qualidade de fé capaz de realizar tão extraordinários feitos é um tipo de crença extra-real, uma atitude muito profunda, que jamais aceita a derrota. É uma intensidade de crença, uma intensidade de atitude positiva, uma intensidade de fé em Deus, de fé na vida e de fé em si próprio. É um poderoso conceito, entranhado na percepção, realmente entranhado na essência íntima da mente, que, ao se fazer necessário, evocará poderosas forças criativas em nosso auxílio. E tão forte é essa crença que não admitirá dúvida, nenhuma espécie de dúvida. Na verdade, a dúvida não atua sobre a fé intensa, sobre a fé cuja qualidade é ser profunda.

Claro está que isso não quer dizer que a dúvida nunca chegue a fazer intrusão. Há ocasiões em que ela chega para todos, e pode ser sombria, realmente, escurecendo a mente com negativas desencorajadoras. Mas a diferença entre não ter fé, ou ter aquela forma leve e formal de fé, e ser possuidor de fé em profundidade, é que a dúvida bombardeia inutilmente esta última. Tal fé mostra-se impermeável à dúvida, e assim, logo depois, o seu ataque termina e aquele que pratica a fé intensa trata de cuidar vitoriosamente de suas dificuldades.

Exerce seu poder de manter a continuidade do princípio positivo.

É evidente que logo surge uma pergunta relativa a como pode uma pessoa cultivar a fé com essa profunda qualidade. E, naturalmente, a resposta está em desenvolver atitudes condicionadas a Deus, ou, para dizer de outra maneira, crescer em percepção de Deus, e de tal maneira que, mentalmente, a qualquer tempo, e sob sejam quais forem as condições, qualquer dificuldade assustadora simplesmente não nos faça medo, ou tenha qualquer poder sobre nós. Mas isso, por sua vez, pode parecer incrível, até que nos resolvamos a desenvolver intensidade de crença através da prática e da construção mental de atitudes de fé.

Certa ocasião, em Alberta, Canadá, fiz uma palestra no jantar anual da Câmara de Comércio. Tive um grande e entusiástico auditório e falei sobre o conceito do pensamento positivo. Depois, quando apertava as mãos dos presentes, um homem surgiu, tal como se estivesse sendo trazido pela brisa, pois nenhuma outra expressão diria melhor de seu aspecto e atitude de alegria, entusiasmo e óbvia vivacidade. Em poucas frases, ditas rapidamente, e com ênfase, ele me deu uma das mais valiosas fórmulas de domínio mental que eu jamais ouvira. Outras pessoas, na fila, queriam avançar, e ele falou tão sucinta e velozmente que já tinha partido antes que eu soubesse seu nome. Mas aquele animado e irradiante senhor, e aquelas potentes palavras ficarão para sempre em minha memória.

Negue o desfavorável

"Outrora tudo me abatia" — afirmou ele. "Era abalado por praticamente todas as dificuldades que aparecessem, e, acredite-me, elas estavam constantemente em mim. Eu vivia sempre esperando novas e maiores dificuldades, e essa expectativa não era inútil, pois elas pareciam tornar-se maiores o tempo todo. Então — continuou ele. — aconteceu-me ler um artigo numa pequena revista que alguém havia deixado no assento de um ônibus. Tratava da negação do desfavorável. Pensei: 'Que loucura é essa de dizer que se negarmos o desfavorável ele desaparecerá num instante?' Mas o artigo trazia uma declaração que me impressionou profundamente. Dizia: "Se Deus está conosco, quem pode estar contra nós?" (Romanos, 8:31). Pensando nisso personalizei o caso: "Se Deus está comigo, quem, ou o quê pode estar contra mim?"

Bem, seja como for, comecei a negar as coisas desfavoráveis que me estavam comprimindo e a praticar, ao mesmo tempo, a idéia de que Deus estava comigo e, portanto, o quê poderia estar contra mim? O senhor deve tentar isso" — afirmou ele, triunfantemente. "Vai pôr o senhor no caminho da vitória, como fez comigo."

Assim dizendo, apertou-me esmagadoramente a mão, como um torniquete, e lá se foi por entre a turba.

Bem, eu fiquei tão impressionado que segui seu conselho, comecei a negar o desfavorável e a afirmar o apoio espiritual, e fiquei maravilhado ao ver que as dificuldades pareciam menores em número e menos formidáveis. Não desapareceram, naturalmente. Na verdade, há períodos em que tenho algumas a cuidar, e sempre terei. Mas seu poder diminuiu e meu domínio sobre elas aumentou. Isso é um fato, um fato maravilhoso.

Citei, alhures, uma declaração atribuída a Sigmund Freud, dizendo que o dever maior do ser humano é suportar a vida. Que temos de suportar certas coisas, aprender a viver com certos fatores que nos são desagradáveis e diante dos quais parece não haver alternativa é verdade; naturalmente, pelo menos em nosso presente estado de ignorância. Mas se isso fosse a história toda, a existência seria bastante sinistra. Eu prefiro pensar que o dever maior do ser humano é alcançar o topo da vida e das dificuldades que ela apresenta. Este capítulo, portanto, é sobre o poder da fé em profundidade para nos ajudar a vencer aquelas dificuldades. O homem do Canadá, em nosso rápido e inesquecível encontro, transmitiu o fato de uma crença profunda como fonte de notável capacidade de negar o desfavorável. Aquilo provou ser uma nova e dinâmica expressão do princípio positivo.

Organizemos nossas dificuldades

O famoso cientista-pesquisador Charles F. Kettering certa vez disse que a boa exposição de um problema é meia solução. Um passo importante no trato com as dificuldades é organizá-las de maneira ordenada, de forma que as possamos ver como realmente são, e cada uma delas em relação a outra. Temístocles, o famoso estadista-soldado da antiguidade, chamava a atenção para o valor do ato de falar num problema, ao invés de pensar nele subjetivamente: "As falas do homem são como as tapeçarias bordadas, porque, como estas, elas têm de ser estendidas a fim de exibir seus desenhos, mas, enroladas, só os escondem e deformam." Assim, os elementos de um problema, quando o medo e o pânico estão envolvidos, tendem a assumir um grau de tamanho que os fatos não justificam. Os fatos bem organizados são o que devemos ter, se quisermos que qualquer problema seja resolvido com sucesso.

Outra razão confirmadora da fé praticada como de máxima importância e valor é um dos seus subprodutos ser a reação não-emocional diante de qualquer problema. Um crente dessa estatura, que reduziu, se não eliminou o elemento medo, fica, por isso mesmo, capacitado a pensar claramente e com objetividade. Ele vê os fatos tais como são, e não coloridos por suposições tingidas emocionalmente. É capaz de enfrentar uma situação que, vista emocionalmente, poderia parecer extremamente difícil, senão impossível, procedendo, assim, em direção a uma boa saída.

Com muita freqüência tem-se feito com que a fé apareça como uma espécie de vago ponto de vista da Igreja, uma bonita qualidade de atitude, mas, na verdade, fora dos limites da dura realidade. Felizmente, as pessoas, hoje, estão conscientes de que a fé representa muito mais do que isso, que é, realmente, um dinâmico processo da mente condicionado por fórmulas práticas e científicas.

Um número crescente de pessoas está aprendendo que os ensinamentos espirituais contêm técnicas que trabalham, quando trabalhadas. Um exemplo simples na vida diária diz que, quando não gostamos de gente, o mais provável é que, em retorno, também as pessoas não gostem de nós. E isso é coisa que se inclina a tirar-nos a alegria de viver. Mas se gostamos de gente, conforme ensina a lei espiritual, recebemos amor em troca, inevitavelmente, e, por isso, gozamos de uma alegria que nos dá felicidade. Portanto, não sejamos uma dessas pessoas práticas que desejam insistir em que a fé é teórica e nada prática. Como sair disso?

Uma das marcas principais da fé em profundidade é o bom senso. Um negociante muito astuto, em certa área, foi, também, notável líder espiritual. Tinha aquela bastante rara combinação de espiritualidade e praticidade que prova terem essas duas qualidades uma afinidade natural. Posso ainda relembrar sua extravagante versão das palavras de São Paulo: "Agora, pois, permanecem a fé, a esperança e a caridade, estas três, mas a maior delas é o bom senso" (Coríntios, I, 13:13, parafraseado).

Como um grão de mostarda

Fé em profundidade e seu sistema prático de organizar a mente quando trata com dificuldades foi mostrada pela experiência de um entrevistador de televisão quando fui convidado para um programa popular numa cidade do Sudoeste. Ele desejava discutir o que chamava minhas idéias sobre pensamento positivo e sua relação com os conceitos espirituais. Na entrevista eu fiz o esboço de minhas técnicas positivas espirituais quanto ao pensamento e à ação, e insisti em que eram práticas, viáveis e altamente trabalháveis. Recordo ter dito que a mente espiritual é uma mente organizada, que tem o poder de tratar com problemas usando de eficácia extra, porque pode disciplinar todos os fatores para uma abordagem científica do problema.

Esse conceito quase derrubou meu anfitrião, pois sua noção tradicional era o de que a atitude espiritual é mais ou menos idealizada e sonhadora, completamente fora de relacionamento com os assuntos práticos do mundo.

"Quer dizer que com essa coisa que o senhor chama fé em profundidade eu poderia resolver um problema pessoal que no momento presente vem-me afligindo?"

"Certamente" — respondi.

"Mas" — continuou ele — "minha fé, mesmo esticando muito a palavra, não pode ser considerada em profundidade. Na verdade, embora eu acredite, a minha fé, podemos dizer, é mais para superficial e indefinida."

Disse-lhe que não seria necessário termos tanta fé assim, e citei as palavras: "Se tiverdes fé como um grão de mostarda [pequena, mas real]... nada vos será impossível" (Mateus, 17:20), acrescentando que a questão não está no volume de nossa fé, mas na realidade e qualidade profunda daquela fé que temos. Mesmo a essência, quando é honesta e verdadeira, tem o poder.

Como ele vendeu a sua casa

Nossa conversação na TV prosseguiu diante de um grande auditório, e, naturalmente, de uma grande audiência em seus lares, e eu tive o cuidado, como sempre, de não expor reivindicações que não pudessem ser fundamentadas pelos fatos. Na verdade, nunca fiz, conscientemente, em palestras públicas, em livros ou em artigos, ou em conversação de um-para-outro, qualquer declaração em que não acreditasse como verdade absoluta, ou que não pudesse ser confirmada por minha própria experiência ou de outras pessoas em cuja veracidade confiasse. Portanto, quando esbocei seu problema pessoal, assegurei-lhe que pela aplicação dos princípios espirituais científicos ele poderia obter resposta prática que seria a correta e apropriada para todos os interessados.

Aquele homem explicou-me que tinha quase todas as economias empregadas numa casa da cidade de Michigan, de onde se transferira, alguns meses antes, para o seu presente trabalho. Tentara tudo quanto lhe fora possível para vender a casa, mas sem resultado. Enquanto o tempo corria ele nada recebia daquela propriedade e estava duramente sobrecarregado de impostos. Finalmente, "como último recurso", tentara a prece, mas mesmo aquele expediente extremo não adiantara. Estava ainda "com aquela casa nas costas".

"Agora" —disse ele — "vem o senhor com essa idéia de fé em profundidade como sistema prático de proceder. Agora, esclareça-me. Eu não tenho dúvida, realmente, quanto ao que o senhor diz e sei que acredita, com sinceridade, que isso é verdade, mas gostaria mesmo de saber como aplicar esse preceito de bom senso ao meu problema prático."

"Está bem" — respondi — "vamos ver o que o senhor tem feito. Vamos organizar esse problema. Pela sua maneira de falar percebo que está muito tenso em relação a esse assunto. Isso deve ser corrigido, antes de mais nada, porque o pensamento firme e prático nunca vem através de um sistema tenso de pensamento. Em segundo lugar, tenho a impressão de que o senhor quer fazer dessa venda um grande negócio, e não o censuro por desejar lucro justo, mas ganância, habitualmente, é coisa autodestruidora."

"O senhor adivinhou em ambos os pontos" — confessou ele. "Talvez eu tenha pedido um preço mais alto do que uma justa avaliação permitiria."

"O senhor disse que se voltou desesperadamente para a oração. Prece desesperada — esclareci — é muito menos eficaz do que a prece afirmativa, na qual o senhor, confiantetemente afirma que há, agora, forças em movimento sobre uma base espiritual que culminará em venda satisfatória da casa. Afrouxe mentalmente a tensão e coloque sua mente no compasso tranqüilo em que as coisas espirituais acontecem" — disse eu.

Finalmente, perguntei-lhe em quem pensava nessa transação em expectativa. Surpreendido, respondeu: "Em mim mesmo. Em quem mais?" Parti, então para outro princípio que eu considerava importante. Pedi-lhe que visualizasse o tipo de pessoas para as quais aquela casa fosse a moradia ideal. Ele replicou: "Nunca pensei nisso. A casa é apropriada para um casal com três filhos."

"Bem, então, que tal formarmos a imagem mental de uma família assim, que estará procurando exatamente esse tipo de casa, e procurarmos 've-la' encontrando a sua? Bem, quando ela for ver a casa, e já que o senhor sabe que a casa lhe está destinada, apresente condições de venda que a ajude a comprá-la e com as quais o senhor tenha o justo retorno de seu investimento."

Ele fitou-me com um estranho olhar. "Sabe de uma coisa? Isso faz sentido. Realmente faz. Vou tratar do caso."

Com espanto, mas também com entusiasmo, ele telefonou-me algumas semanas depois. "Chegou, de fato, exatamente a família que visualizamos. E é gente maravilhosa. Fizemos negócio, justo para ambos os lados. E, rapaz, estou por conta desse princípio prático e científico em profundidade!"

"Alegra-me que as coisas tenham saído tão esplendidamente" — respondi, igualmente satisfeito. E acrescentei: "Mantenha a continuidade."

Por que não, já que é um fato, um fato verdadeiro, que a fé em profundidade vence todas as dificuldades? Portanto, por que ser derrotado por elas, se a derrota não é de forma alguma necessária, especialmente desde que se possua a fórmula espiritual que transforma a derrota em sucesso?

O Poder do condicionamento mental

A mente humana é um espantoso instrumento e os pensamentos que a colocam em atividade podem determinar o que acontece a uma pessoa e de que forma ela maneja os problemas que aparecem diariamente. Num sentido verdadeiro, somos o que pensamos durante um longo período de tempo. Neste momento o leitor é o que o seu padrão de pensamento tem sido — digamos — durante os últimos dez anos, mais ou menos. Se o leitor e eu quisermos saber o que seremos daqui a dez anos, a resposta pode muito bem vir em termos do que o leitor e eu pensarmos na próxima década. O princípio positivo é um processo científico de comportamento, destinado a tornar as coisas melhores, sempre melhores.

Pensamentos de medo podem destruir a capacidade criativa, e, o que de efeito ainda mais sinistro, podem tornar reais as coisas que constantemente tememos. Uma das declarações mais expressivas daquele livro da verdade chamado Bíblia é esta terrível linha: "A coisa que eu mais ardentemente temia, veio para mim..." (Job, 3:25). Quando tememos persistentemente algum contratempo, doença, acidente, fracasso, mantendo esse medo vitalizado e ativo durante certa extensão de tempo, forças são encorajadas, talvez mesmo criadas, dando corpo real às coisas que tão longamente tememos.

Da mesma maneira, coisas em que longamente acreditamos, coisas como bons resultados, saúde, realizações, e sucessos podem vir também para nós. Enquanto medo e negativismo podem destruir, fé e positivismo podem criar e desenvolver. É, portanto, de extraordinária importância praticar persistentemente, teimosamente e assiduamente, atitudes dinâmicas de fé. Há poder nelas. Em mais de uma forma.

Time de "baseball" se faz campeão

Um dos antigos noticiaristas de esportes mais lidos foi um homem chamado Hugh Fullerton, que escreveu uma estória comprida em um jornal, há anos. Não me lembro do nome do jornal, mas lembro-me muito bem da estória. Tratava do empresário de um time do Texas, cujo nome era Josh O'Reilly. O time do Sr. Reilly não ia muito bem naquela temporada, apesar de ter sete batedores em seu esquadrão. Todos os times da liga pareciam estar rotineiramente vencendo seus homens, que, afinal, tinham qualidades de campeões. Mas o time estava em profundo e prolongado declínio, e não havia críticas, ameaças, ou lisonjas, bastante fortes para arrancá-lo dali.

Aconteceu que um evangélico chamado Reverendo Schlater estava realizando reuniões na redondeza. O Reverendo Schlater era famoso como curador espiritual, e, larga e amplamente, pessoas tinham nele grande fé quase como se realizasse milagres.

Um dia, não suportando mais a péssima atuação de seu time, Josh O'Reilly pediu a cada jogador seus dois bastões favoritos. Colocou-os num carro-de-mão e lá se foi com eles. Mais tarde, um pouco antes do jogo da tarde, o empresário devolveu os bastões, explicando que os levara ao Reverendo Schlater, e que este os abençoara. Os jogadores ficaram estupefatos, olhando para seus bastões com respeitoso temor. E tornaram-se homens diferentes. Naquela tarde nada conseguiu detê-los durante vinte e uma corridas. Pelo resto do verão abriram decididamente seu caminho para um campeonato da liga. Comentou-se que durante anos os jogadores de *baseball* ofereciam altas somas por um bastão de Schlater.

Agora, com o devido respeito para o Reverendo Schlater, precisamos compreender que não houve mudança naqueles instrumentos de madeira chamados bastões de *baseball*. Mas uma estranha magia fora feita nas mentes daqueles homens crédulos que manejavam os bastões. Um recondicionamento de suas mentes tivera lugar, e através dele já não estavam chafurdando numa depressão frustradora, mas se haviam tornado invencíveis e vitoriosos.

A pessoa média, que aceita, indolentemente, e segue admitindo negativas que a levam à derrota, pode transformar radicalmente tal estado de coisas, fazendo-se dona de uma fé autêntica, profunda e poderosa, da espécie que vence todas as dificuldades. Um recondicionamento da mente, intenso bastante para modificar atitudes, possibilitará a qualquer pessoa tornar-se poderosamente inspirada, e, o que é mais, a manter a continuidade do princípio positivo, seja onde e quanto a situação possa mostrar-se cruel.

Sempre o princípio de "bater recordes"

As pessoas que realmente aceitam a fé em profundidade são as que têm o estímulo interior para fazer mais, cada vez mais, consigo mesmas. São os indivíduos extramotivados que jamais se contentam com o desempenho presente. Sentem-se levados inevitavelmente, por uma aspiração íntima e incessante, a escalar novas altitudes, a alcançar níveis vertiginosos, a bater velhos recordes e impor novos padrões de realização. A fé em profundidade, o princípio positivo, e o instinto de escalada são de uma mesma peça.

Escrevo este capítulo sentado na varanda do Hotel Mont Cervin, em Zermatt, Suíça, propriedade do meu bom amigo Theodore E. Seiler. A tarde está banhada de sol, e, da minha varanda, vejo o grande Matterhorn erguido, nítido e claro, com o seu xale branco quase sempre presente a desfazer-se contra o céu azul. Talvez não haja montanha alguma no mundo que se iguale, em severa beleza e romantismo histórico, àquele vasto dedo de pedra, solitário, destacado das imensas montanhas do sistema alpino de que é parte. Na verdade, a Matterhorn foi descrita como sendo mais que uma montanha: é uma presença, meditativa e sempre fascinante presença.

Homens que têm em si a atração dos lugares altos, sempre desejaram escalar a Matterhorn. Nos velhos anos temiam invadir o refúgio dos maus espíritos que, presumivelmente, moravam entre seus penhascos e eminências, prontos para fazer rolar gelo e pedras sobre qualquer invasor.

Pondo de lado essas antigas superstições, foram feitos esforços para encontrar caminho que levasse ao topo, mas durante longos anos não houve alpinista que tivesse êxito e alcançasse o misterioso ápice.

Então, o famoso guia-de-montanha de Zermatt, Peter Taugwalder, fez saber quer acreditava ser possível a escalada da vasta e inescrutável montanha, se o tentassem pelo lado de Zermatt. Assim, o alpinista inglês Edward Whymper, então com vinte e cinco anos, e seu companheiro *Lord* Francis Douglas iniciaram a subida por aquela então isolada povoação da montanha que era Zermatt. Ali encontraram o Reverendo Charles Hudson, talvez o mais conhecido dos montanheses da época, que fizera sua primeira escalada do majestoso Monte Rosa dez anos antes, no dia primeiro de agosto de 1855.

Organizaram um grupo de sete pessoas para o assalto do até o momento invencível Matterhorn. O autoritário Whymper tomou a direção, e o grupo incluiu *Lord* Douglas, o

Reverendo Hudson, o guia Michel Croz, de Chamonix, Robert Hadow, estudante de dezenove anos, escalador nada experiente, e os dois melhores guias de Zermatt, Peter Taugwalder e seu filho.

Juntos haviam tomado a corajosa e audaz decisão de escalar "A Montanha". Whymper descreve a eletrizante experiência no livro *Rambles in the Alps* (Perambulação pelos Alpes). Mas não chegou a ser bem uma perambulação porque, embora tivessem chegado ao topo — os primeiros homens a alcançar aquelas esquivas alturas — às 13 horas e 40 minutos do dia 14 de julho de 1865, sua euforia teve curta duração. Porque, no declive, Hadow, cansado da subida, escorregou, batendo contra Croz e arrastando para baixo Hudson e Douglas. A corda fraca de cânhamo que ligava as duas turmas, partiu-se. Apesar dos esforços sobre-humanos de Whymper e dos dois Taugwalders, os quatro homens despencaram de uma altura de quatro mil pés, na terrível parede norte, encontrando a morte. Há cem anos seus esqueletos repousam algures, na vastidão da montanha. A corda quebrada, visão patética, pode ser vista no Museu Alpino de Zermatt.

Estudando a Matterhorn nos dias de hoje, fico impressionado com um fato curioso sobre os primeiros recordes batidos. Quase imediatamente depois que alguém se torna o primeiro a alcançar um objetivo por longo tempo frustrador, e bate um recorde, chega outra pessoa que realiza a mesma proeza, ou vai além dela. No caso da primeira escalada da Matterhorn, feita por Whymper e seus companheiros, três dias depois o famoso alpinista J. A. Carrel, e seu grupo, alcançaram o topo, subindo pelo perigoso lado italiano, a parte de Breuil. A glória dos primeiros escaladores não lhes pertenceu por muito tempo, o que traz à mente algumas sensatas palavras atribuídas a Goethe: "O feito é tudo, a glória é nada."

Depois que aqueles homens heróicos abriram caminho, muitas pessoas escalaram a grande Matterhorn. Desde que ficou demonstrado que aquilo podia ser feito, outros foram fazê-lo, também, pois sentiam-se persuadidos, pelo exemplo dos pioneiros, a acreditar que poderiam igualmente escalar, realizar, superar. Assim, realmente, o importante é o feito e não a glória.

As pessoas ainda querem escalar

Os tempos mudam, mas as pessoas mudarão tanto assim? O ímpeto motivador para alcançar o topo ainda está presente nas pessoas. Cem anos depois da primeira escalada de Matterhorn, minha esposa e eu estávamos sentados no terraço em Schwarzsee, olhando para uma pequena cabana situada bem ao alto, no flanco da montanha. Dali iniciavam escaladas logo ao amanhecer. Um jovem, vestido para escalar, veio sentar-se junto de nós. Reconhecendo-nos, começou a falar, um tanto constrangido, sobre si próprio. Estava tendo dele mesmo a idéia de um fracassado, que parecia não conseguir fazer a escalada.

"Quero fazer coisas, realizar algo. Quero ter sucesso na vida, mas a cada tentativa pareço ser derrubado" — falou ele, sombriamente. Contou-nos que estava na Suiça desde o início da primavera, escalando colinas, de início, depois montanhas pequenas, a seguir maiores, e agora ia tentar a maior de todas — a Matterhorn.

O moço parecia relutante quanto a partir dali, embora a tarde declinasse e ele tivesse marcado encontro com o seu guia, na cabana, ao cair do sol, a fim de estarem prontos para a subida logo ao amanhecer. "Acredito, realmente, que poderei fazer isso" — murmurou ele. "Tenho que fazer. Tenho que subir, porque se puder fazer essa escalada, saberei que sou capaz de fazer outras coisas, também!" Levantou-se, apertou-nos as mãos, e fez um gesto agradecendo nossos votos: "Boa sorte! Deus o abençoe!" Fez uma centena de passos, mais ou menos, então voltou para junto de nós. Com algum embaraço, pediu: "Podem me fazer um favor?"

"Claro que sim. O que quiser."

"Bem, então rezem por mim, sim?" Se eu tivesse alguma dessa fé positiva sobre a qual o senhor escreve, sei que poderia fazer coisas." Assim dizendo, caminhou para o longo caminho ascendente da montanha. Ficamos a observá-lo até que desapareceu atrás de uma saliência. O moço escalou a Matterhorn, e desde então tem escalado montanhas com sucesso.

As pessoas ainda desejam subir e bater recordes, e estão fazendo isso rotineiramente. Por toda a parte vemos os resultados da fé em profundidade que torna possível as realizações. Por toda a parte estão aqueles indivíduos inspirados, entusiastas, e altamente motivados, donos do espírito, o indômito espírito que mantém a continuidade do princípio positivo.

O fenômeno dos primeiros e dos que lhes batem os recordes, como demonstração de uma fé extra-real que vence as dificuldades, está hoje ocupando espaço que não é pequeno, nos jornais. Por exemplo, temos a estória de John Walker, o corredor neozelandês, que correu uma milha em 3 minutos, 49.4 segundos, vencendo por 1.6 segundos o recorde anterior estabelecido por Filbert Bayi, da Tanzânia. Walker foi o primeiro corredor a percorrer a distância de uma milha em menos de 3 minutos e 51 segundos.

Tudo isso traz à memória o tempo em que os que escreviam sobre esporte eram unânimes na opinião de que seria impossível, fosse para quem fosse, correr uma milha em quatro minutos exatos, e que isso nunca seria feito. Bem, "nunca" é muito tempo e é bem tolo quem acredita que uma coisa não pode ser feita por ninguém, "nunca". A mira dos corredores-de-milha continuou a fixar-se naquela "impossível" marca de quatro minutos. Os famosos suecos Gunder Haegg e Arne Anderson chegaram perto dela, mas o homem que fez a sequência da história foi o inglês Roger Bannister, que alcançou a marca proclamada "impossível" em 1954, em Oxford, fazendo a milha em 3 minutos e 59.4 segundos.

Se objetarem que a escalada de uma grande montanha e a corrida-de-milha não se relacionam com a média dos homens, direi que o fato de escalar e de bater recordes passados é aplicável a todas as atividades. Ser mais do que somos, fazer mais do que fazemos, alcançar padrões mais altos e melhores resultados são coisas positivamente inerentes a todos nós. E, constantemente, pessoas como os leitores deste livro estão objetivando a obtenção de marcas sempre mais altas, sejam quais forem as suas metas. O princípio da fé em profundidade é poderoso auxiliar na continuidade da motivação, mesmo na presença de contratempos.

Meu amigo de longa data, Frank Wangeman, vice-presidente e gerente geral do Hotel Waldorf-Astória de Nova Iorque, comentando sobre contratempos, teve uma expressão sensata e pertinente: "A maturidade da experiência" — declarou ele. — "prova que nenhum contratempo é o último." Com fé em profundidade podemos continuar, a despeito da resistência e até que todas as dificuldades sejam vencidas. E então, com a estimulante antecipação de mais vitórias, podemos nos preparar para um novo fluxo de contratempos, e assim bater novos recordes, continuando dessa corajosa maneira pela vida além, baseados no princípio positivo.

Talvez uma das principais e mais desejáveis qualidades entre todas seja a que dá a capacidade de perseverar obstinadamente, contra as condições adversas. Na crítica de um livro chamado *Nothing Venture, Nothing Win* (Não havendo risco não há vitória) de *Sir* Edmund Hillary, famoso escalador do Monte Everest, o crítico, John Rupp, descreve Hillary como "um homem formidável". Quando ele e seu grupo tentavam subir pelo rio, através de perigosas corredeiras, Hillary diz: "em momento algum consideramos que deviamos procurar águas mais plácidas, e ficamos tão absorvidos na luta que nos esquecemos do perigo." Que pensamento estimulante! Absorvido na luta, Hillary pôde dominar seus receios. Assim, o segredo principal está em agarrar-se, e manter sempre a continuidade.

O grande empresário de *baseball* da liga, já falecido, Casey Stengel, tinha isso. Dizem dele: "A derrota não assustava Casey porque ele vivia em bons termos com a esperança. Em meio da derrota ele estava sempre procurando a vitória." O que, naturalmente, explica a média sempre alta de suas vitórias.

Ele reprogramou seu pensamento

No título deste capítulo fizemos uma total reivindicação ao declararmos que a fé em profundidade vence todas as dificuldades. Isto pode ser modificado pela pessoa que tem uma certa dúvida, e considera que é possível vencer algumas dificuldades, talvez, mesmo muitas, mas aquela afirmativa total traz em si um desafio para a credulidade. Tendo porém observado o espantoso poder da crença em profundidade, eu de há muito cheguei à conclusão de que o poder da fé profundamente arraigada e abrangedora é infinitamente maior do que a média das pessoas imagina.

Em minha experiência, tanto pessoal como derivada da observação de outros que vivem através de completa e dedicada fé em Deus, é possível, definitivamente, viver com todas as dificuldades, adaptarmo-nos a elas, ou vencê-las, sem qualificação.

Eu estava programado para falar numa reunião pública de homens de negócios, numa cidade do Leste, e, entrando no prédio, pela porta do palco, sentei-me nos bastidores esperando que o programa tivesse início. Logo depois um homem um tanto volumoso, bem feito, e de altura acima da média chegou junto de mim, ali onde eu esperava, e apresentou-se como mestre-de-cerimônia da reunião. Era pessoa animada, obviamente dotada de vigor e entusiasmo, e fiquei impressionado com seu espírito e atitude positivos.

Disse-me que tinha sido piloto de helicóptero na guerra do Sudoeste da Ásia. Fora baleado e caíra, ficando em condições físicas que traziam a expectativa de morte. Suspeitando de lesão cerebral os médicos chegaram à conclusão de que, dado o caso de sobrevivência, ele seria, conforme expressou, "um vegetal". Sofreu, de fato, uma operação cerebral — e afastou o cabelo para mostrar-me uma placa no alto de sua cabeça. Removido para um hospital dos Estados Unidos, viu-se incapacitado de mover as pernas e os braços. A fala nada sofrera, bem assim sua capacidade de pensar.

Um dia, ele disse à sua esposa: "Quero que me traga um livro de Norman Vincent Peale que eu li outrora, e que o leia para mim." Dia por dia sua esposa leu sobre o poderoso princípio criativo e recriativo da fé e do pensamento positivo, até que aquele homem desesperadoramente ferido desenvolveu intensa fé no poder curador de Deus, bem como em seu próprio poder de recriação. Então, veio a certeza de que ele também podia curar-se, apesar do prognóstico desanimador.

Disse à esposa que dali por diante ia reprogramar a sua mente. Trabalharia com o poder da mente, para cuidar de seu corpo atingido, e isso com fé em profundidade, em Deus, e em si mesmo. Assim resolvido, entrou em intensa e persistente rotina de crença e fé, mais afirmação espiritual, infundindo dessa forma, em sua mente, uma poderosa força dirigente. A cura não veio, absolutamente, sob forma miraculosa nem fácil, mas veio, como estava evidente naquele homem fisicamente forte e mentalmente alerta que me contou esta história.

Esse é um exemplo do que um ser humano motivado pode fazer consigo mesmo, quando sua fé é profunda e forte bastante em conteúdo e vigor. Mais tarde eu observei aquele homem notável dirigir a reunião, na sua qualidade de mestre-

-de-cerimônia, com um humor e um espírito que estabeleceram tom positivo e entusiasta, ao natural. E mais uma vez reafirmei minha própria e segura crença de que a fé em profundidade vence, realmente, todas as dificuldades, e a certeza de que esse é um grande, amplo e glorioso fato. Assim, mantenhamos a continuidade do princípio positivo — mantenhamos essa continuidade, sempre.

Finalmente, recapitulemos, em resumo, as idéias e princípios expostos neste capítulo:

1. Procuremos, até encontrar, a certeza da Presença. Então, como Jerry Adams, já não temos medo.
2. Admitamos, como um fato, que nunca estamos sozinhos. Um grande Alguém está sempre conosco.
3. Acreditemos que somos maiores do que as nossas dificuldades, porque somos, realmente.
4. Através de estudo e prática, desenvolvamos intensidade de crença, fé em profundidade, em contraste com a variedade nominativa.
5. Tornemo-nos peritos em negar o que é adverso.
6. Organizemos nossas dificuldades e problemas. Então teremos metade da solução, e o resto virá mais fácil e seguramente.
7. Aprendamos o relacionamento entre a fé em profundidade e o bom senso.
8. Pratiquemos até conseguir perícia no poder do condicionamento mental.
9. Sigamos, sempre, "batendo recordes" como princípio.
10. Retenhamos o instinto vital de "querer escalar", que existe dentro de nós.
11. Reprogramemos nosso pensamento e tornemo-nos praticantes, em profundidade, do princípio positivo. Então os milagres começarão a aparecer.

DÉCIMA SEGUNDA FORMA DE MANTER A CONTINUIDADE DO PRINCÍPIO POSITIVO

Mantenhamo-nos sempre fortes com o princípio do estímulo

A noite estava de um frio cortante — 30 graus abaixo de zero. Uns 18.000 fuzileiros navais dos Estados Unidos, na Coréia, enfrentavam cerca de 100.000 soldados comunistas. E ambos os lados esperavam combate ao amanhecer. Agora, meia-noite, um fuzileiro de tipo volumoso estava de pé junto de um tanque, cujos lados de metal apresentavam-se tão frios que os dedos ali ficavam realmente colados. Azul de frio, coberto de lama gelada que se aglomerara, minúsculos pingentes de gelo pendurados à sua barba farta, o fuzileiro estava comendo feijão frio com um canivete.

Um correspondente de certo jornal observava o enorme fuzileiro enquanto ele comia a nada apetitosa refeição, encostado a um tanque, sob um clima gélido e enfrentando um futuro incerto. Fez-se evidente que o jornalista foi impelido por alguma cogitação filosófica, porque, subitamente, lançou ao fuzileiro uma pergunta profunda:

"Se eu fosse Deus" — perguntou — "e pudesse dar-lhe fosse o que fosse, que me pediria você?"

O fuzileiro, continuando a comer seus feijões frios, refletiu longamente, antes de responder, mas quando falou, suas palavras continham tanta filosofia quanto a pergunta. A simples resposta foi: "Eu pediria o dia de amanhã."

Aquele homem, numa sombria e crítica situação, pronto para tudo quanto as circunstâncias dele exigissem, tinha um desejo e esse desejo era a continuidade da vida, um amanhã com um lar, uma família, um futuro.

Já que o desejo de vida vigorosa é básico na percepção de todas as pessoas, é natural que se responda à motivação, à inspiração, ao entusiasmo, aos estímulos dinâmicos, a tudo o que dá realidade e significação à experiência de viver.

Tendo escrito vários livros e feito muitas palestras sobre temas inspirativos, adquiri alguma experiência no julgamento da resposta humana ao poder do pensamento motivador. As pessoas desejam, geralmente, ser inspiradas, e respondem ao entusiasmo quando renunciam às atitudes desconexas e negativas. Quando assim se libertam, homens e mulheres, em sua maior parte, voltam-se ansiosamente para uma vigorosa qualidade de pensamento e ação positivos, tal como o princípio de estímulo. O resultado, para muitos, é tornarem-se genuinamente inspirados e entusiastas movendo-se, portanto, para um nível mais alto de vida, superior a qualquer coisa que tenham possuido antes.

Para manter o princípio positivo é preciso ter habilidade

Manter alto nível de inspiração funcionando constantemente por longo período de tempo, não é, de forma alguma, coisa fácil. Requer constante reinspiração, renovada motivação, reunidas à educação quanto à habilidade no controle e orientação dos processos mentais.

As atitudes motivadoras são submetidas, diariamente, a um terrível bombardeio de idéias deprimentes, sombrias e negativas. Em efeito, pelo menos, embora talvez não seja planejado em qualquer sentido, parece existir algo que representa um terrível bombardeio de idéias deprimentes, sombrias e nerespeito da nação, do futuro, e, afinal, a respeito de tudo.

Há alguns anos havia um locutor de rádio-jornal, em Nova Iorque, que entrava no ar, muitas noites, com estas sombrias palavras: "Temos más notícias esta noite, gente." Embora os apresentadores de notícias de hoje talvez não usem essa marca registrada específica, são, até certo ponto, fornecedores de más notícias, sabotadores profissionais do pensamento positivo.

Está claro que as más notícias existem, e são muitas, realmente, mas nestes últimos anos elas têm sido tão constantemente enfatizadas que o ouvinte ou o leitor eventuais chegam a supor que não há nenhuma boa notícia, e que a nação, o mundo, a vida, mesmo, não passam de um gigantesco fiasco. Fica-se a pensar por que ao lado das más notícias não pode haver alguma ênfase criativa, como, por exemplo: "Temos más notícias esta noite, gente. E daí? Temos todas as condições para melhorar as coisas." Isso poderia ir longe, no que se refere a transformar más notícias em boas notícias.

Não pretendo criticar, realmente. Meu propósito é construtivo. Estou, simplesmente, indagando por que não se pode ser tão interessado em soluções positivas como em soluções negativas. Como antigo reporter de jornal que fui, sou consciente de que notícia é aquilo que sai do estado normal dos acontecimentos. Como diz a velha estória: "Se um cão morde um menino, isso não é notícia, porque acontece com freqüência. Mas se um menino morde um cão, isso, sim, é notícia." Se chegarmos algum dia a considerar notícia o que se passa com pessoas decentes, respeitadoras das leis, ao invés de serem notícia os atos de ladrões e criminosos, estaríamos em máus lençóis. O bom ainda é a norma, e o afastamento do bom ainda é notícia.

A pessoa que deseja alcançar nível mais alto de motivação e entusiasmo deve manter uma habilidade descriminatória de pensamento, isto é, a habilidade de tratar criativamente com o negativo, mas, ao mesmo tempo, rejeitar a impressão de que se deve tornar pensador negativo para ser considerada pessoa que "está por dentro".

Estando o entusiasmo e as atitudes positivas sob constante bombardeio vindo de fontes negativas e deprimentes, a pessoa que deseja ser do tipo otimista encontra dificuldade para sustentar o estímulo. Esse fato, acrescentado ao fluxo comum de dificuldades, adversidades, provações, doenças, desgostos e contratempos, podem lançar pesado ônus sobre o vigor inspirativo de cada qual. Foi para neutralizar esse esgotamento da inspiração que eu escrevi este livro, *Pensamento Positivo Hoje*. O propósito, página por página, foi sugerir formas, meios e processos viáveis para manter a inspiração, a motivação e o entusiasmo em continuidade, enfrentando os ataques feitos a esse padrão positivo de pensamento e ação pelo que é adverso, difícil, e negativo.

Mantenhamos a renovação do espírito

Para mantê-la precisamos de um poderoso neutralizante da erosão das atitudes inspirativas, e isso consiste, creio eu, na renovação do espírito. A palavra "inspiração" significa, realmente, uma inspiradora ou renovável infusão de estimulante, poderoso, e novo espírito-vitalidade. Já que o espírito, sob constantes golpes, tende a se abater, devemos tornar-nos tão organizados mentalmente que, quase de forma automática, o espírito se eleve outra vez, não se deixando atingir. O fator criativo envolvido nesse processo é um constante recarregar do padrão de pensamento, e ênfase irremovível sobre o princípio de estímulo.

Lembro-me de uma senhora idosa que eu e minha mulher encontramos recentemente num caminho de montanha bastante escarpado, em Riffleαlp, perto de Gornergrat, na Suíça. Naqueles caminhos os devotos das excursões pelas grandes altitudes fazem uma espécie de camaradagem, e, sendo aquela a região de língua alemã da Suíça, o cumprimento habitual é *Gruss Gott,* ou "Cumprimento em nome de Deus". Aquela idosa senhora estava inclinada para a frente, caminhava com o auxílio de uma sólida bengala, e isso fazia com uma espécie de obstinada determinação. Um homem a acompanhada, obviamente um guia. Quando nos encontramos ela ergueu para nós os olhos brilhantes, de sob um chapéu antiquado. Ao invés do cumprimento habitual que mencionamos, ela disse: *"Bonjour, madame, bonjour, monsieur."*

"Bonjour, madame" — respondemos. Então ela desatou numa rápida rajada de francês, e eu tive de dizer finalmente: *"Oh, madame, non parle français."* Ao ouvir isso ela enveredou pelo italiano, depois para o alemão, e, embora eu possa, lutando, manter uma conversação simples nessa língua, a senhora percebeu que eu não estava me comunicando muito bem.

"O senhor parece americano; talvez possa falar inglês" — disse ela, com uma alegre risada.

"Sim, senhora, eu falo um pouco de inglês, no estilo americano."

"Oh! eu gosto do estilo americano" — disse ela — "é tão pitoresco."

Então, informou-nos que tinha oitenta e nove anos.

"A senhora é uma mulher maravilhosa" — comentei, com admiração. "Fala fluentemente quatro línguas, sua mente é lúcida, não usa óculos e sobe caminhos de montanha aos oitenta e nove anos. Como consegue manter-se assim tão forte?"

"Oh" — replicou ela. "O senhor vê, eu me entusiasmo a propósito de tudo. O mundo é um lugar tão maravilhoso, as pessoas são tão interessantes. Na verdade, a cada manhã eu acordo tão estimulada como quando era jovem."

"Bem" — disse eu — "se a senhora tinha tanto estímulo então como tem aos oitenta e nove anos, devia ter sido uma bola-de-fogo, quando jovem."

"Mas, meu senhor, veja que ainda sou jovem. Oh! Sim! Este corpo está um tantinho arqueado nas costas, mas sou muito forte e sadia. É o espírito que faz a diferença. Vivo estimulada porque meu espírito vive em perpétuo estado de entusiasmo."

"Quer dizer que mantém a continuidade do princípio do estímulo?"

Com um brilhante sorriso ela respondeu:

"Oui, oui, monsieur, é isso, precisamente. Eu mantenho a continuidade do — como foi que o senhor disse? — princípio de estímulo. É bom, é muito bom, o princípio de estímulo.

Assim dizendo, afastou-se, subindo pelo caminho, avançando resolutamente para a frente, com sua bengala contra o cenário de fundo dos grandiosos picos. Ficamos a observá-la, maravilhados ao ver quando pode ser tremendo um ser humano, quando o espírito permanece forte, invulnerável, mesmo. Não importa as arremetidas das depressões e das adversidades, uma pessoa assim pode sempre manter a continuidade e seguir sendo forte, com aquele precioso segredo da renovação do espírito, o princípio de estímulo.

Pratiquemos a obtenção do estímulo

A aquisição da habilidade nas atitudes mentais, como em todos os aspectos da perfeição, requer prática. Não se pode esperar a continuidade do estímulo a não ser que se pratique a forma de ser estimulado. Um método viável de praticar é pensar, deliberadamente, em termos de quanto a vida é estimulante, de como nosso trabalho é estimulante, de como são fascinantes as nossas oportunidades.

Conheci, certa vez, uma atriz cinematográfica, brilhante artista, chamada Hattie McDaniel. Era uma personalidade rara e radiante. Disse-me ser seu costume sair todas as manhãs, fossem quais fossem as condições do tempo, houvesse chuva ou houvesse sol, e dizer em voz alta: "Olá, bom dia! Como você é maravilhoso. Estou tão terrivelmente estimulada por estar viva! Obrigada, querido Deus, muitíssimo obrigada!" Hattie McDaniel praticava o princípio de estímulo, tornando-se, assim, uma pessoa estimulante e inesquecível.

Por toda a parte encontro pessoas que estão praticando o princípio de estímulo. Certa manhã eu tomava o desjejum num hotel de Los Angeles, com um homem. A sala do café tinha uma bonita decoração cor-de-canário. Nossa garçonete usava um belo uniforme da mesma totalidade. Mas foi o espírito daquela moça que nos cativou.

"Bom dia, senhores. Agora vão ter um delicioso desjejum que irá prepará-los para um dia maravilhoso. Tudo quanto servimos é bom. Vou trazer-lhes algo excelente."

Na verdade, nem mesmo esperara que pedíssemos, e ficamos tão impressionados que consideramos perfeito o desjejum que ela colocou diante de nós. Quando deixamos o restaurante a moça disse: "Pensem num bom dia e tenham um bom dia."

"Onde achou esse maravilhoso pensamento?" — perguntei.

"Ora essa, com o senhor" — respondeu ela, alegremente. "Um dos seus cartões 'do bolso': — pense num bom dia, planeje um bom dia, ore por um bom dia."

"Bem" — comentei — "você melhorou o que eu escrevi, sem dúvida alguma."

"Oh, sabe? Descobri que se praticarmos o estar estimulada, é assim que se acaba ficando."

A prática do estímulo pode tirar qualquer pessoa para fora da melancolia produzida pelo pensamento depressivo. Por exemplo: recebi um telefonema de um joalheiro de uma cidade do Sul, que estava muito deprimido e desencorajado. Disse que era leitor dos meus livros, e que, embora às vezes pensasse ter conseguido captar o princípio positivo, ainda não conseguia mantê-lo. Como o poderia, especialmente quando estava num negócio monótono como a venda de jóias, negócio que era herança de seu pai?

Expressei espanto ao ouvi-lo dizer que considerava o negócio de joalheria como ocupação monótona, fazendo sentir o que havia de romântico nos diamantes e outras gemas, estando a joalheria relacionada com o instinto da beleza e sendo símbolo de amor e afeição. Realmente, argumentei, quaisquer utilidades para o bem-estar do povo, mesmo pão, açúcar, verduras, não podem ser tidas como monótonas, pois pertencem à essência da vida. E a joalheria, relacionando-se como se relaciona à expressão de pensamentos profundos demais para serem expressos em palavras, devia ser perpetuamente estimulante.

"Mas" — queixou-se ele — "as condições econômicas em nossa região não se mostram muito boas e, nessas circunstâncias, as pessoas não estão comprando artigos de luxo."

Eu cheguei a discutir aquele raciocínio, segundo o qual sua mercadoria só seria vendável em épocas prósperas. "A beleza" — declarei — "é uma necessidade do espírito humano, especialmente quando traduz romance e duradoura afeição. E isso ainda é mais importante quando a época é difícil."

Pedi-lhe que lesse para mim algumas amostras da sua propaganda local. Uma delas dizia assim: "Compre jóias em X, os mais antigos vendedores de qualidade na comarca." E outra: "As mais finas jóias em X. Fundada em 1893."

"Bem" — disse-lhe eu — "não sou um perito em publicidade, mas acho que o senhor só está anunciando o óbvio: que está no negócio há muito tempo e vende mercadoria de qualidade. Isso é verdade, naturalmente, mas dificilmente motivará o comprador. Ele ou ela precisam ser alcançados por via emocional, se ação desejável vai ser estimulada."

"Está bem" — respondeu ele. "Que sugere?"

Sem levar a sério o pedido, eu disse: Bem, que tal isto?: "Ponha em seu dedo brilho igual ao de seus olhos." Isto para os jovens apaixonados. Outro poderia ser: "Uma aliança da X será bela mesmo quando tenha fios de prata entre o ouro." E que me diz desta, para uma senhora idosa, num aniversário de casamento: "Acrescente à beleza das suas mãos que tanto trabalharam, o encanto de um anel da famosa joalheria X." E assim por diante.

"Rapaz" — disse ele — "venha para cá e eu lhe dou um emprego. O senhor quase me levou a querer comprar minha própria mercadoria."

"O que eu quero é estimulá-lo para a maravilhosa oportunidade que tem de pôr um brilho nos olhos e um sorriso no rosto dos outros, com seus artigos de beleza. Vou lhe dizer como. Todas as manhãs, quando acordar, diga em voz alta: "Como é estimulante ser negociante de jóias. Durante o dia inteiro eu vou dar um toque extra de alegria a jovens e velhos." Pratique o entusiasmo e o estímulo e, fazendo isso, verá que a inspiração começará a voltar, fluindo para a sua mente. Então, mantenha a continuidade."

Esse é o processo que realmente mantém a continuidade. Pense estímulo, fale estímulo, atue estímulo, e está votado a ser uma pessoa cheia de estímulo. A vida tomará novo sabor, interesse mais profundo e maior significação. Podemos pensar, falar e agir para a monotonia e para a infelicidade. Pelo mesmo processo podemos construir inspiração, estímulo e um profundo avolumar-se de alegria. É um fato isso de tendermos a nos tornar precisamente o que praticamos, seja melancolia, seja estímulo. E, desde que esse último é muito mais desejável, parte da sabedoria está em mantê-lo em continuidade através da prática diária do princípio de estímulo.

Supervendedor de Sorrento

Tenho grande admiração e orgulho ao pensar na carreira de um jovem positivo e enérgico, John Milano, que conheci há cerca de vinte anos, em Sorrento, Itália. Enquanto visitávamos aquela bela cidade, a Sra. Peale e eu entramos numa loja onde fomos recebidos por um atraente, amistoso e, devo dizer, persuasivo moço, que falava excelente inglês.

Ele começou a mostrar à Sra. Peale a sua mercadoria, e, já que conheço um mestre vendedor quando o vejo em ação, imediatamente percebi que havia perigo iminente para a minha carteira. E realmente ele vendeu à minha mulher o que representou uma fatura bastante grande. Observando o moço em sua atividade eu admirei a força e o encanto de sua personalidade, reconhecendo, de imediato, a notável capacidade que, era evidente, ele possuía.

Perguntei ao John quais eram as suas aspirações e metas, e ele respondeu que desejava ir para a América e ser um homem de negócios americano, trabalhando com a oportunidade oferecida pelo sistema americano de livre empresa.

Crescia em entusiasmo enquanto esboçava seus objetivos claramente definidos. Mas acrescentou, então, que lhe seria difícil ir para a América, porque seu dinheiro era escasso e não tinha quem o ajudasse.

Tornando-me ainda mais interessado por aquele dinâmico rapaz, dei-lhe uma idéia geral dos princípios de visualização, explicando que um objetivo específico, mantido com tenacidade na mente, iria desenvolver-se na percepção para fazer-se realidade. Sugeri que ele estudasse e praticasse o poder do pensamento positivo e fosse afirmando e reafirmando que conseguiria realizar sua ambição específica de tornar-se um homem de negócios americano. Então, acrescentei, porque estava entusiasmado, que quando chegasse a Nova Iorque devia procurar-me e eu o ajudaria a conseguir um emprego. Isso era, como podem pensar, meter-me numa posição difícil, mas meu entusiasmo fazia-se ilimitado.

Dentro de poucos meses lá estava John em meu escritório em busca do prometido emprego. Estávamos nos aproximando do Natal e escrevi aos presidentes de meia dúzia de lojas importantes de artigos masculinos da cidade, nos seguintes termos, juntando uma lista de nomes dos executivos aos quais a mesma carta estava sendo remetida:

> Caro Senhor:
>
> Em Sorrento, Itália, conheci o maior dos vendedores natos que já encontrei, e meu conhecimento de supervendedores é considerável. Esse homem está agora em Nova Iorque e disponível para uma posição. O primeiro, entre os senhores, que responder a esta carta, fica com ele.
>
> Sinceramente seu

A resposta foi imediata e John foi colocado no departamento de chapéus de homens numa loja de artigos em geral da Quinta Avenida. Quando a temporada de Natal terminou, os auxiliares especiais foram embora, mas não John, cuja capacidade de vender fora reconhecida. Assim passaram-se anos até que, em dias recentes, recebi uma carta de John Milano, agora presidente da talvez maior companhia manufatureira de chapéus do país. E quando me visto de cerimônia, que chapéu imaginam que estarei usando? Ora! É, naturalmente, um belo chapéu, do qual muito me orgulho, presente do meu velho amigo, o supervendedor de Sorrento, agora um dos mais prósperos negociantes americanos.

À luz dessa história humana, quem pode dizer que a América já não é a terra da oportunidade? É, e será sempre para os John Milanos que pensam positivamente, e são motivados e entusiastas. Esses são os homens que vivem pelo princípio positivo e sabem como mantê-lo em ação. E, fazendo isso mantêm a América em ação.

Seja interessado, intensamente interessado

Gente interessada é gente estimulada. Nessas pessoas o prazer de viver não declina. Mantêm a continuidade da satisfação no trabalho e na responsabilidade e têm a fascinação do envolvimento. Isso, por sua vez, mantém-nos agindo sempre. Outros podem deixar seu espírito abater-se. E tornam-se aquele tipo que diz "tudo acabou para mim". Tal coisa jamais acontece a quem é interessado com intensidade.

Numa viagem para conferência encontrei o Senador Everett Dirksen num dos longos passadiços do Aeroporto O'Hare, de Chicago. Já o encontrara antes e tinha, mesmo, falado ao lado dele, no mesmo estrado, numa convenção de associação comercial, mas isso se passara havia muitos anos e eu não tinha certeza alguma de que ele se lembraria de mim. Assim, comecei a apresentar-me: "Meu nome é..."

"Vamos, pare com isso!" — disse ele, tomando minha mão entre ambas as suas. "Norman Vincent Peale. Lembra-se da noite em que falamos juntos? E o que o senhor disse em sua palestra, foi..."

Para minha imensa estupefação ele repetiu meus argumentos quase palavra por palavra. Na verdade, com seu notável dom oratório, ele realçou-os consideravelmente.

"Como pode o senhor" — perguntei — "com toda a sua atividade, lembrar-se com tamanha nitidez de uma coisa que se passou há tantos anos e repetir dessa maneira espantosa a palestra feita por um companheiro de conferência?

"A razão, Norman" — respondeu ele — "é que eu estava interessado. Estou sempre interessado. Cada experiência torna-se viva para mim e imprime-se de modo indelével em minha mente, porque estou interessado."

Então, em sua inimitável maneira de falar, ele disse da fascinação, do estímulo de falar em público sobre assuntos de importância para o bem-estar humano. O senador já não existe, mas eu jamais esquecerei aqueles momentos em que o ouvia, no aeroporto movimentado, enquanto ele derramava a vivacidade e o estímulo sem mescla de sua mente privilegiada. Everett Dirksen nivela-se, não há dúvida, aos poucos que são considerados os maiores oradores da história americana, um estimulado, dinâmico orador, cujo segredo era seu vivo e profundo interesse pelas pessoas e pelos acontecimentos.

Uma vez, na velha estação ferroviária de Cleveland, certa manhã, muito cedo, esbarrei com o meu velho amigo, antigo congressista Walter Judd, e fomos juntos ao desjejum, no balcão de serviço. Falou-me ele na quantidade de palestras que estava fazendo naquela semana por todo o país, e eu comentei que devia sentir-se muito cansado, indagando, mesmo, se tal programa não lhe abatia o ânimo. "Nada disso, nada disso" — protestou ele, com energia. "Você sabe, eu acredito em tudo que digo e estou intensamente interessado. Assim, como posso ficar abatido?"

Ali estava um grande homem, perpetuamente estimulado. Aqueles homens praticavam, ambos, o princípio de estímulo e por isso sabiam como manter-se em alta atividade.

Estimulante mudança de estilo de vida

Há alguns anos, uma atraente e muito chique jovem senhora, marcou uma entrevista comigo, em meu escritório da *Marble Collegiate Church.* Seu nome era Mary Brinig, e tinha, ao que pareceu, dois objetivos em mente. Um deles era contar-me de que forma sua vida se modificara espiritualmente. Falava de maneira sincera, encantadora, e muitíssimo comovente. Explicou que ela e seu marido, Harold, representante de manufatura de papel, tinham, ambos, encontrado um novo estimulante padrão de vida que lhes trouxera maravilhosa alegria e significação. Assim, tinham sentido poderosa compulsão no sentido de partilhar esse achado com outras pessoas que talvez ainda estivessem caminhando para um beco sem saída.

O outro propósito de Mary Brinig, ao me visitar, era oferecer seus serviços para o estabelecimento de relações espirituais criativas com pessoas que não eram tão afortunadas quanto eles na busca de respostas para os problemas da vida moderna. Depressa me interessei pela amistosidade e profundo interesse de Harold e Mary em relação aos mais jovens — e deles Nova Iorque está repleta — que, por esta ou aquela razão, falharam no segredo de obter vida satisfatória e construtiva. Não tardou que pudesse me certificar que eles tinham uma rara habilidade para se aproximar de tais pessoas, estabelecendo com elas um relacionamento expansivo.

Tendo encontrado suas próprias respostas na entrega de suas vidas a Deus, a forma pela qual transmitiam essa experiência aos mais diversos e inesperados tipos de pessoas, marcou-os como duas das pessoas mais eficientes que já conheci, ou das quais ouvi falar.

O segredo desse casal é uma combinação de profundo empenho, amor pelos demais, e permanente interesse em ajudá-los. Trouxeram para um estimulante estilo de vida alguns dos mais desesperadamente derrotados. Sempre estimulados, sempre amorosos, ao mesmo tempo práticos e inteligentes, atraíram para si, e através deles para Deus, centenas de pessoas, durante anos, pessoas que também encontraram nova e estimulante vida.

Finalmente, Harold e Mary deixaram Nova Iorque para viver numa pequena povoação de New Hampshire. Ali, fundaram o mesmo trabalho, com pessoas-problemas, como em Nova Iorque. Recentemente, Ruth e eu os visitamos e nos reunimos com um atraente grupo de jovens que também haviam encontrado aquele estímulo efervescente que, de todas as forças motivadoras, é a que possui o poder de conservar o vigor da vida.

Os Brinigs, da profundeza de sua realidade espiritual, tornaram-se praticantes do princípio de estímulo. E a irradiante qualidade de seu interesse pelas pessoas ajudou-as a encontrar a verdadeira felicidade, e a mantê-los perpetuamente carregados de estímulo e juventude.

Encontramos pessoas estimuladas e interessadas em todos os setores de atividade. E essas pessoas nunca têm um trabalho insípido porque elas próprias não são insípidas. A longo prazo a vida é, inevitavelmente, aquilo que somos. Se somos prosaicos e apáticos, nosso trabalho, e, realmente, a nossa vida, revelarão essas mesmas características. Mas, quando passamos por um despertar espiritual e nos tornamos alertas, em nossa mente e em nosso espírito, aquele velho e insípido trabalho reveste-se de estímulo... e podemos mesmo dizer: de glória.

O céu todo se despencou

Numa estrada, quando vejo uma porção de caminhões estacionados em lugar onde se come, paro a fim de fazer uma refeição, porque aqueles homens sabem onde está a boa comida. Uma noite, sentei-me a um balcão, ao lado de um motorista de carreta e logo nos metemos em animada conversação. Não o pude evitar porque o homem era todo alegria e risos. E quando me apresentei, aquele grande e jovial camarada pareceu conhecer-me.

Contou-me: "Há muitos anos que eu venho olhando tanto concreto como qualquer homem vivo. Dia após dia, noite após noite, é sempre a mesma coisa: rolar por intermináveis milhas de concreto ou asfalto. A monotonia, a ausência do lar, os desagradáveis motéis, correr, correr, correr, levaram-me a odiar aquilo. Que vida enfadonha, insípida, sem justificativa. Eu a detestava.

"Então — continuou — nosso patrão tomou uma assinatura do *Guideposts,* a sua revista, para todos os empregados. E eu comecei a trazê-la comigo, para ler nas viagens. Aquelas estórias de como as pessoas encontraram felicidade e vida estimulante através da aproximação de Deus, acabaram por me impressionar. Eu nunca havia rezado muito, a não ser quando tinha contratempos. Deus era apenas um nome, realmente envergonha-me dizer isso, mais uma palavra para blasfemar do que outra coisa.

"Mas, certa noite, eu ia descendo a Barreira de Pedágio de Ohio, e, não sei por que comecei a falar com Deus, tal como se ele estivesse viajando comigo, na cabina. Abri meu coração e contei-lhe tudo. E tive a impressão de que Ele estava ali mesmo, ouvindo; tive mesmo, como se fosse uma realidade.

"Então, de repente, "o céu todo se despencou" e eu me senti feliz como nunca me sentira em toda a vida. Comecei a chorar, e, depois, a cantar. Berrei todos os hinos que tinha aprendido, há tanto tempo, na Escola Dominical, mas esquecera. Não sei o que foi que me aconteceu, mas, de uma hora para outra eu era um homem diferente. Desde então tenho sido feliz, e quando digo feliz é feliz mesmo. Agora amo este trabalho, porque Deus roda comigo a cada milha, a cada noite, a cada dia, todo o tempo."

Falem de ser estimulado! Aquele homem deu-me uma terrível exaltação, que perdura desde aquele dia. Era a própria personificação do princípio de estímulo. Fiquei ali, a olhar com admiração enquanto seu enorme veículo entrava, trovejando, pela noite. E fiquei repetindo aquela vibrante frase: "o céu todo se despencou". E partindo pela estrada, em direção oposta, recordei alguns deliciosos versos do meu bom amigo, J. Sig Paulson, que dizem:

Às vezes soluço com risadas
e vibro de exultação
Quando penso
no deleitoso, inevitável
desígnio de ser eu!

Isso é o princípio de estímulo em ação, e também o princípio positivo!

Fascinação e emoção

No capítulo 4.º eu falei sobre a importância de manter o entusiasmo na velhice. É evidente que a prática do princípio de estímulo é igualmente vital, seja qual for a idade. Podemos manter a vida com vitalidade enquanto a mente e o espírito estiverem alertas e vibrantes. Não há razão lógica para que a força da vida seja inibida, ou possa declinar, a não ser, naturalmente, que ocorra alguma devastadora deficiência física. Mesmo nesses casos muitas pessoas têm conseguido manter o o espírito positivo operando, através de forte domínio da mente e do espírito sobre o físico.

Como é patética a doentia preocupação dos americanos com a idade. Logo no início da vida profissional, talvez aos vinte anos, aposentadorias, pensões, e o fim do caminho se incorporam na psicologia do trabalho. Então, ouve-se: "faltam dez anos para a aposentadoria"; "cinco anos mais e lá estou na prateleira". E assim vai a lutuosa canção. Para qualquer pessoa que tenha vivido uns tantos anos lá vem a recomendação que cheira a aviso: "Você faria bem se não se esforçasse tanto. Lembre-se, agora já não é tão jovem..." Quantas vezes amigos bem intencionados aparecem com esses comentários admoestatórios e tingidos de negativismo.

Pessoalmente, este autor jamais embalou qualquer pensamento de aposentadoria ou diminuição do ritmo. Posso, como é natural, remanejar os vários e diferentes tipos que há anos vêm consumindo o meu tempo, mas deixá-los é inconcebível. Jamais considerei o trabalho como um ônus ou como um "bico", e nunca, com toda a certeza, como importuno. É coisa para se gozar, é, mesmo, estimulante. Pretendo manter-me interessado, ativo, estimulado, e "na minha", como dizem, sempre "na minha". Nada de diminuição, nada de lentidão. Antes, dar tudo quanto tenho, todos os dias, a todo o tempo.

Quando, por algum motivo, um trabalho termina, procuremos outro, mesmo em diferente área ou campo de esforço. Alguns dos anos mais felizes, para muita gente, foram os passados em atividades que não se relacionavam com o padrão de sua vida de trabalho. Só isso pode satisfazer o desejo criativo e manter a felicidade em alto nível. Por que retirar-se? A extensão total da vida parece até curta demais, tal como é.

A casa lotada. Na maioria, jovens

Há muitos e grandes seres humanos que têm o mesmo ponto de vista quanto a esquecer a idade e viver continuamente com o princípio positivo de vitalidade. Em Londres, recentemente, Ruth e eu assistíamos a uma apresentação de *Dame* Edith Evans, no Teatro Haymarhet. Ela aparecia em *An Evening of Entertainment* (Noitada de Divertimento). As notas do programa diziam que a carreira de *Dame* Edith começara em 1912.

A casa estava lotada até o 3.º balcão, e, surpresa nossa, a audiência mostrava alta porcentagem de jovens. A cortina ergueu-se sobre um palco vazio. Trechos cinematografados da longa carreira de *Dame* Edith apareceram numa tela. Então, aquela mulher de cabelos brancos, que devia ter bem mais de oitenta anos, apareceu no palco. Suas mãos, eu notei, embora graciosas, eram apergaminhadas. Vestida com um longo traje branco, encaminhou-se para a frente, com um passo que mal se poderia considerar vacilante.

Começou a ler trechos, indo de Amy Lowell da Nova Inglaterra até William Shakespeare de Stratford-on-Avon. E eram lidos, com todas as suas palavras. De vez em quando ela puxava os óculos para a ponta do nariz, talvez para ver melhor seu manuscrito. E na sua voz havia um ligeiro tremor.

Sozinha, num palco enorme! Eu próprio, sem me considerar seu competidor, se tivesse que avançar diante daquele enorme auditório, sozinho, acreditem-me, não acharia nada fácil fazer aquilo. Mas *Dame* Edith estava perfeitamente segura, com uma voz encantadora embora não fosse forte, e, mostrando um desempenho magistral. Eu ali estava, maravilhado. Que tinha ela para estar capacitada a dominar toda aquela gente com tal poder? E os jovens gritavam "Bravo!" para uma mulher que poderia ser a bisavó de muitos deles. Ela estava calma, segura de si, porque sabia, através de anos de experiência, como atrair para si uma audiência. Seu segredo, em parte, pelos menos, era simplesmente esquecer sua idade e viver sua vida. Continuava a ser a grande pessoa que sempre fora. Perpetuamente interessada, perenemente estimulada, constantemente emocionada.

Às vezes, a tendência das pessoas mais idosas (para não falar das mais moças) é adquirir o hábito de pensar negativamente sobre tantas coisas, que a vida perde seu sabor. Torna-se insípida porque a pessoa torna-se insípida. Certa vez aconselhei um homem assim a tentar uma fórmula simples destinada a dar animação à vida. Cada manhã, a primeira coisa a fazer era repetir três vezes, em voz alta: "Vocês já viram?! A vida é formidável!" A primeira parte é uma afirmação de surpresa, a segunda é uma afirmação de qualidade. Na verdade, tal prática poderia ser riscada como superficial. Mas, vocês já viram? Funcionou. O homem tomou novo interesse. Passou a viver.

Um amigo, executivo em seguros, estava para aposentar-se devido à idade. Seu espírito envelhecia também, porque ele não podia pensar em outra coisa. Então, teve uma experiência vital e espantou todo o mundo, inclusive a si próprio, com a maravilhosa maneira pela qual refluiu para o grande entusiasmo que o caracterizava nos anos passados.

Ao aposentar-se ele foi morar numa pequena povoação do interior e meteu-se em toda a classe de atividade. Encontrou dois velhos camaradas, aposentados como ele — um era engenheiro e o outro contador. Todos os três eram jeitosos com ferramentas e, desde que resolvessem podiam fazer qualquer trabalho manual. Quando um achava algo para fazer, os outros dois compareciam para ajudar. Todos os três tinham atividade na igreja e nos negócios da comunidade. Juntos, num espenho, transformaram a velha cavalariça que ficava em propriedade da igreja, num prédio educacional e recreativo, usando as baias dos cavalos para salas de aulas. O depósito de feno foi transformado em palco para representações. Quando o meu amigo veio recentemente à minha casa, eu o convidei para passar ali a noite. "Obrigado" — disse ele. "Eu gostaria, mas não posso. Preciso ir para casa por causa de um projeto que vamos iniciar amanhã de manhã." E com isto se foi irradiando vigor, felicidade, interesse. Segundo suas palavras: "Tudo é formidável. Só me queixo de não ter mais tempo." Ele está, com toda a certeza mantendo a continuidade do princípio de estímulo.

Pense em termos de futuro

O princípio positivo nunca pensa em termos de passado, mas sempre em termos de futuro. "O melhor ainda está para vir" é sua expressão poética. Um pensador assim do princípio positivo é um homem mais velho que me escreveu para dizer que tinha lido um dos meus livros com bons resultados. Explicou que desde a infância sofrera um complexo de inferioridade, e tinha, agora, noventa e três anos de idade. Esse era, sem dúvida alguma, o mais longo complexo de inferioridade de que já tive conhecimento.

"Li seu livro sobre pensamento positivo. Estudei-o. Acreditei nele. Pratiquei o que recomendava e agora lhe escrevo para dar a boa notícia de que, após noventa e três anos, estou livre, enfim, do meu complexo de inferioridade." Mas o desfecho da estória vinha no P. S.: "O futuro apresenta-se grandioso!"

Por toda a parte, hoje, ouve-se a frase desanimada, tanto de velhos como de jovens: "Estou farto disso!" Isso expressa, conforme o caso, tédio ou cansaço. E também significa: "Sou uma pessoa que "passou". Meu futuro ficou atrás de mim. Nada há pela frente." Mas o pensador do futuro nunca "está farto". Para a frente há sempre grande estímulo, vasta emoção, maravilhosas metas.

Lembro-me bem do tempo em que o famoso executivo do *baseball* Branch Rickey foi durante cinqüenta anos um líder em *baseball* da Grande-Liga. Rickey, que muitas autoridades consideravam um dos maiores homens que o esporte já produziu, era pessoa forte, vigorosa, dinâmica, até quase o instante de sua morte, aos oitenta-e-três anos.

Estava, invariavelmente estimulado e entusiasmado. No seu quinquagésimo aniversário de casamento, perguntaram-lhe: — "Qual foi sua maior experiência em cinqüenta anos de baseball?"

Rickey franziu suas ramalhudas sobrancelhas, e vociferou: "Não sei. Ainda não a tive!" Mesmo nessa ocasião ele estava mergulhado em profundos planos para a formação de outra grande-liga. Branch Rickey nunca foi um velho, porque era um pensador em termos de futuro. Mantinha, invariavelmente, a continuidade do princípio positivo.

O Dr. Harry George Thomas, pai do meu amigo e vizinho Lowell Thomas, possuía as mesmas dinâmicas qualidades, tão bem demonstradas por seu filho, cujas aventuras são famosas mundialmente. Aos oitenta e dois anos o Dr. Thomas matriculou-se como estudante numa universidade. Foi tão bem nos estudos que lhe pediram para ser docente, membro da congregação, e nessa posição serviu até que as autoridades universitárias descobriram que aquele Dr. (de medicina) Thomas, tinha oitenta e quatro anos, dezenove anos além da aposentadoria compulsória! O Dr. Thomas era, naturalmente, alguém que pensava em termos de futuro, praticando o poder do princípio positivo na chamada aposentadoria. E, atualmente, seu filho Lowell, aos oitenta e quatro anos, ainda continua como o mais antigo programa noticioso da América e está sempre se metendo em novas e entusiásticas aventuras. Os Thomas são, ao que se vê, pessoas que pensam em termos de futuro.

Viva sua vida e esqueça sua idade

Esse tipo de pessoa baseia sua atividade no princípio vital que diz: "Viva a sua vida e esqueça a sua idade." Não se agarra a pensamentos sobre idade, e, realmente, não pensa em idade, não atua em função da idade, não fala em idade. Até onde a coisa se refere à sua atitude mental, não tem idade. Seu equipamento mental funciona no agora, e ela é sempre uma pessoa de "agora". Toma-se como é e segue praticando, fazendo o que sempre fez, ou algo diferente, mas ainda fazendo o que quer fazer, sem dar a menor importância à data da sua certidão de nascimento. Ou a qualquer outro fator negativo.

Frank Bering estava ainda dirigindo três grandes hotéis em Chicago — o Sherman, o Ambassador Leste e o Ambassador Oeste — e já ultrapassara os oitenta anos. Eu conheci o Sr. Bering desde a minha infância. Ele e minha mãe foram colegas de ginásio, em Lynchburg, Ohio.

Quando ia a Chicago, ficava sempre com Frank, no Sherman. Um dia, eu estava falando ali, numa convenção de associação comercial, no imenso salão de baile do hotel. Frank estava dirigindo tudo, calmo, eficiente, autoritário — senhor completo de todo o complexo funcionamento de um hotel com 2.200 quartos, e, ainda por cima, uma grande convenção.

Admirando-o, eu lhe disse: "Frank, o senhor é, com certeza, um grande gerente e executivo." Depois, perguntei: "Que idade tem?"

"Que é que há?" — disse ele. "Não gosta do seu quarto? O serviço do hotel não está correto?"

"Oh! Certamente" — repliquei. "Tudo está perfeito, mas pensar que... na sua idade... Seja como for, sei que idade tem porque esteve na escola com a minha mãe."

"Bem, então, para que puxar o assunto?" — disse ele, em tom concreto. "Que tem isso a ver seja com o que for desde que se esteja trabalhando tão bem ou melhor do que qualquer quarentão mal cozido?"

Então, levantou um dedo para mim:

"Meu jovem" — disse ele — "vou dar-lhe um valioso princípio de vida — viva sua vida e esqueça a sua idade." Aquele homem operava através do princípio positivo.

Por favor, não tenham a impressão de que eu não estou integralmente consciente da dor e da tristeza da humana existência, nem de que resistências ao estímulo e às atitudes positivas são muitas vezes graves. Não tenho convivido intimamente com gente, durante muitos e muitos anos, sem saber que a vida não é um mar de rosas. Mas ainda assim, acredito que através do exercício do princípio positivo podemos nos erguer sobre esses obstáculos, viver e dominar as provas e problemas que temos de enfrentar.

Quando, recentemente, a esposa de um amigo morreu, ele ficou, como é natural, arrasado, mas impressionou-me pela profundeza e qualidade de sua vitória mental sobre sua grande perda e desgosto. Contou-me que logo depois do falecimento da esposa, ele "sentiu" a sua presença, e da maneira mais definitiva, como através "de um ouvido interior", ouviu-a falar com ele. Agradeceu o conforto que ela lhe trazia e disse, queixoso: "Por favor, torne a vir logo." Ao que ela respondeu: "Eu estou sempre perto de você." Perguntei-lhe como se sentia quanto à realidade daquela experiência, e ele respondeu, com simplicidade: "Eu estou estimulado por sabê-la com vida. Isso não é maravilhoso?"

Uma fé de tal qualidade é possível para os que praticam o princípio positivo — e a sua continuidade.

Agora, para resumir as idéias deste capítulo:

1. Mantenhamos amplamente aberta e nítida nossa capacidade de resposta à inspiração, motivação e entusiasmo.
2. Mantenhamos a sensibilidade em alto nível — aguda e pronta.
3. Sigamos um firme programa de renovação e revitalização de nossas atitudes positivas. Jamais devemos permitir que nossas reações tornem-se monótonas ou insípidas. Vamos mantê-las novas, revigoradas, vitais.
4. Desenvolvamos fortes abrigos mentais para nos livrarmos do bombardeio dos negativos.
5. Mantenhamos constante renovação do espírito como contra-taque à erosão da inspiração.
6. Tornemo-nos intensamente interessados. Arejemos nossos interesses todos os dias e os conservemos vitalizados.
7. Consigamos a experiência espiritual que realmente modifica as coisas; o tipo em profundidade que nos mantém alertas todos os dias, a todo o tempo.
8. Vivamos nossa vida e esqueçamos nossa idade.
9. Mantenhamos contacto com o poder espiritual recriativo e manteremos sempre, e para sempre, a continuidade do princípio positivo.

Este livro foi composto e impresso pela EDIPE Artes Gráficas, Rua Domingos Paiva, 60 — São Paulo.